Henri POUGET DE SAINT-ANDRÉ

DIE VERBORGENEN AUTOREN der FRANZÖSISCHEN REVOLUTION

ⓞMNIA VERITAS®

HENRI POUGET DE SAINT-ANDRÉ
(1858-1932)

DIE VERBORGENEN AUTOREN DER FRANZÖSISCHEN
REVOLUTION
(NACH BISHER UNVERÖFFENTLICHTEN DOKUMENTEN)

*Les auteurs cachés de la Révolution Française,
(d'après des documents inédits)*
1923, Librairie académique Perrin & Cie

Ins Deutsche übersetzt und herausgegeben
von Omnia Veritas Limited.

*Ø*MNIA VERITAS.

www.omnia-veritas.com

© Omnia Veritas Ltd - 2024

VORWORT

In diesem Band werde ich keine Regierungsform angreifen und keine politische Meinung tadeln. Ich werde mich bemühen, die Hintergründe der Französischen Revolution unparteiisch zu untersuchen und, wie der verstorbene Albert Vandal es ausdrückte, „als Historiker Tatsachen darzulegen, die zur Geschichte gehören."

KAPITEL I

DAS REVOLUTIONÄRE RÄTSEL

E s scheint, so sagte Robespierre einmal zu Amar, dass wir von einer unsichtbaren Hand über unseren Willen hinweggetragen werden: „Jeden Tag tut das Komitee für öffentliche Rettung das, was es am Vortag beschlossen hat, nicht zu tun. Es gibt eine Fraktion, die geführt wird, um ihn zu verlieren, ohne dass er die Leiter dieser Fraktion entdecken kann[1]."

Je mehr man sich mit der Geschichte der Französischen Revolution beschäftigt, desto mehr Rätsel stößt man auf. Zunächst einmal widersprechen sich die Schriftsteller in den meisten Punkten, sodass man, wenn man alle ihre Dementis und Berichtigungen zuließe, zu dem Schluss käme, dass von 1789 bis 1793 so gut wie nichts passiert ist! Was die wenigen Ereignisse betrifft, bei denen sie übereinstimmen, so geben sie nie die gleiche Erklärung dafür ab.

Warum scheinen die Hefte der Generalstände von einem okkulten Komitee diktiert worden zu sein, das seine Ideen an die Stelle der Ideen der verschiedenen französischen Provinzen

---

[1] MALLET DU PANs Memoiren, Bd. II, S. 69.

gesetzt hat?[2] Wer also, so fragt Herr L. Madelin,[3] nachdem er die Hefte verfassen ließ, bezahlte die Propaganda?

Wer also verkündete am selben Tag in ganz Frankreich die Ankunft imaginärer Räuber als Vorwand, um das Volk zu bewaffnen und eine Nationalgarde aufzustellen?[4]

Warum haben die Franzosen, nachdem sie einige recht fragwürdige Herrscher ertragen hatten, den debonairsten, den von den besten Absichten beseelten, guillotiniert?

Es war eine royalistische Versammlung, wie Herr Aulard selbst zugab,[5] die die Republik ausrief; niemand in Frankreich bezeichnete sich als Republikaner, außer einem Engländer, einem Preußen und einem Belgier, Thomas Paine, Anacharsis Cloots und François Robert.

War das Ziel der Revolution die Reform der Missstände und die Erlangung der Freiheit? Sie hätte am Ende des Jahres 1789 enden müssen. War ihr Ziel ein Regimewechsel? Sie hätte am 10. August enden müssen. Warum hat man, wie Granier de Cassagnac[6] es ausdrückte, für vier Milliarden und fünfzigtausend Köpfe Reformen gekauft, die Ludwig XVI. für nichts angeboten hatte?

Warum hat der Konvent so viel Blut vergossen? Es wurde behauptet, die Proskriptionen seien durch den Hass des Volkes

---

[2] *Zeitschriften für historische Fragen.* Juli 1910. Artikel von Herrn G. GAUTHEROT.

[3] *Die Französische Revolution*: MADELIN, S. 36.

[4] *Memoiren von Frau de la Tour du Pin*, S. 191. *Mémoires de Pasquier*, etc.

[5] AULARD: *Histoire politique de la Révolution Française (Politische Geschichte der Französischen Revolution)*, S. 87 und S. 175.

[6] Cassagnac: *Ursachen der Französischen Revolution.*

auf die privilegierten Klassen verursacht worden. Wie lässt sich dann der so geringe Anteil an Aristokraten erklären, die auf der Guillotine landeten - etwa 5 % aller Verurteilten?

Die Vorsitzenden des Konvents können als die vor Ächtung am meisten geschützten Personen betrachtet werden, da sie die Mehrheit der Ächtungswilligen stellten. Sie waren, wie man vulgär sagt, auf der Seite des Griffs. Welche Erklärung gibt es für ihr Schicksal: Achtzehn wurden guillotiniert, acht deportiert, sechs eingekerkert, zweiundzwanzig geächtet, drei begingen Selbstmord und vier wurden verrückt![7]

Das ganze Volk von Frankreich ist gegen uns", sagte Robespierre auf der Tribüne des Jakobinerklubs. Unsere einzige Hoffnung ruht auf den Bürgern von Paris. - Verlassen Sie sich nicht zu sehr darauf", antwortete Desfieux, „in Paris selbst hätten wir die Oberhand, wenn die Wahl geheim wäre[8]."

Woher kam der Einfluss, den Robespierre auf Männer ausübte, die ihm an Talent und Intelligenz überlegen waren? Michelet, der nicht zu den reaktionären Historikern gehört, stellt fest, dass er ein kleiner Anwalt von schlechter Figur, mittelmäßiger Intelligenz und farblosem Talent war.

„Man erklärt sich", so Herr G. Lebon[9], „einen Tyrannen, der von einer Armee umgeben ist, aber nicht die Tyrannei eines Mannes ohne Soldaten."

Die Partei, die die Revolution zur Gewalt trieb, „wurde von einer verborgenen Hand geleitet, die die Zeit bislang nicht

---

[7] TAINE: *La Révolution Française (Die Französische Revolution), Bd.* III, S. 222.

[8] Buchez und Roux: *Histoire Parlementaire, Bd.* XX, S. 300. Sybel: *Histoire de l'Europe, Bd.* 1, S. 564.

[9] *La Révolution Française (Die Französische Revolution),* G. LEBON, S. 231.

bekannt machen konnte"[10].

Bailly, der ebenfalls Robespierres Idee aufgreift, schreibt in seinen Memoiren[11], dass es seit dem Sturm auf die Bastille „einen unsichtbaren Motor gab, der zu gegebener Zeit falsche Nachrichten säte, um die Unruhe zu verewigen. Dieser Motor muss eine große Zahl von Agenten gehabt haben, und um diesen abscheulichen Plan verfolgt zu haben, braucht man einen tiefen Geist und viel Geld. Irgendwann werden wir das höllische Genie und den Geldgeber kennenlernen".

Schließlich schrieb auch Lafayette am 24. Juli 1789: „Eine unsichtbare Hand lenkt den Pöbel."

„Je näher man den Instrumenten und Akteuren dieser Katastrophe kam, desto mehr Dunkelheit und Geheimnis fand man darin; dies wird sich mit der Zeit nur noch verstärken[12]."

Die einfachen Gemüter begnügten sich mit der Erklärung von Etienne Dumont: „Die Ursache der Revolution ist die Schwäche Ludwigs XVI." Es ist auch zu einfach, wie J. de Maistre die Ereignisse dem Einfluss des Teufels zuzuschreiben; für Männer, die die Geschichte ernsthaft studieren, gibt es noch etwas anderes. Ein hochintelligenter Jude, der in der englischen Politik eine große Rolle spielte, Disraëli, gab zu: „Die Welt wird von ganz anderen Personen regiert, als sich diejenigen vorstellen, die nicht hinter den Kulissen stehen[13]." Er hütete sich jedoch davor, die okkulten Führer der Politik zu benennen. Die gelehrten Arbeiten von M. G. Bord haben eine sehr kuriose und gut dokumentierte Erklärung der Ereignisse geliefert: Die

---

[10] Alexis Dumesnil: *Vorwort zu den Memoiren von Sénar.*

[11] *Mémoires* de Bailly, Bd. II, S. 33.

[12] *Mémorial de St-Hélène.* t. II, S. 82.

[13] DE LANNOY: *La Révolution préparée par la franc-maçonnerie (Die Revolution, die von der Freimaurerei vorbereitet wurde),* S. 14.

Revolution sei auf eine freimaurerische Verschwörung zurückzuführen.[14]

In dieser Behauptung steckt sicherlich viel Wahrheit; doch dann stehen wir wieder vor einem anderen Rätsel: Wenn die Revolution von der Freimaurerei gemacht wurde, warum wurden dann 1793 die Logen geschlossen und vor allem warum wurden so viele Freimaurer guillotiniert?

Untersuchen wir dennoch die Hypothese der freimaurerischen Revolution.

---

[14] Gustave Bord: *Die Freimaurerverschwörung von 1789.*

KAPITEL II

DIE FREIMAURER

Die Freimaurer haben sich zweifellos aus übertriebener Bescheidenheit immer dagegen verwahrt, die Urheber der Französischen Revolution gewesen zu sein. Ihre politischen Gegner wurden oft als Phantasten bezeichnet, die einer wohltätigen Gesellschaft dunkle Machenschaften zuschrieben; aber wenn sie vor profanen Ohren geschützt sind, ist die Sprache der Freimaurer nicht mehr dieselbe. Der Fr.-. Sicard de Plauzoles hat gerade auf dem Konvent von 1913 erklärt: „Die Freimaurerei kann mit berechtigtem Stolz die Revolution als ihr Werk betrachten[15]." Auf dem Konvent von 1910 sagte Br.-. Jouvin ebenfalls von der freimaurerischen Aktion von 1789, die übrigens von Br.-Jouvin in seiner Geschichte der Revolution bestätigt wurde. Louis Blanc in seiner Geschichte der Französischen Revolution.

Aber es war vor allem der internationale Freimaurerkongress von 1889, der zu diesem Thema interessante Details lieferte. Anlässlich des hundertjährigen Jubiläums unserer Revolution veranstalteten die Br. Amiable und Colfavru verlasen am 16. Juli im Großorient zwei sehr dokumentierte Berichte, die hier kurz zusammengefasst werden:

„Zu Beginn des Jahres 1789 nahmen die Freimaurer einen

---

[15] TOURMENTIN *Die Freimaurerei entlarvt.* 10. März 1911.

aktiven Anteil an der großen und heilsamen Bewegung, die im Land entstand. Ihr Einfluss war in den Versammlungen des Dritten Standes, bei der Abfassung der Hefte und bei der Auswahl der Gewählten vorherrschend... In den Versammlungen der beiden privilegierten Stände spielten sie eine weniger bedeutende Rolle. Dennoch lässt sich der Einfluss der Freimaurerei noch immer an den zahlreichen Reformvorschlägen in den Heften des Adels und des Klerus erkennen...

Die Freimaurer drangen in großer Zahl in die Nationalvertretung ein, und um den Platz zu markieren, den sie dort von Anfang an einnahmen, genügt es, drei von ihnen zu nennen: Lafayette, Mirabeau, Sieyès.[16]

... Der Plan für die Enzyklopädie war elf Jahre im Voraus von der Freimaurerei entworfen worden...

Von den Programmen und Wünschen, die in den Heften veröffentlicht wurden, nachdem sie in den Logen vorbereitet worden waren, war die Nationalversammlung zur Tat geschritten. Im Jahr 1789 stand die große französische Freimaurerfamilie in voller Blüte. Sie hatte Voltaire in der berühmten Loge der Neun Schwestern unter dem Vorsitz von Lalande empfangen. Sie kennt Condorcet, Danton, Robespierre, Camille Desmoulins... Die berühmtesten von ihnen werden das neue soziale und politische Gebäude auf den leuchtenden Grundsätzen Freiheit, Gleichheit, Brüderlichkeit gründen. Doch wenn sie ihre erhabene Aufgabe erfüllt haben, werden alle tot sein...

1792 mussten sich die Freimaurer der Erfüllung ihrer staatsbürgerlichen Pflichten widmen, die sich ständig vermehrten: dem Dienst in der Nationalgarde, dem Militärdienst,

---

[16] Bericht über die Sitzungen des Internationalen Freimaurerkongresses von 1889. Bericht von Br.-. Amiable, S. 68 ff.

der unaufhörlichen Arbeit der Volksgesellschaften zur Unterstützung der Nationalversammlung, um die Machenschaften der noch nicht ersetzten Beamten des alten Regimes zu vereiteln, den wiederholten Wahlen, den übernommenen Mandaten und den auf allen Ebenen ausgeübten Ämtern in der Gemeinde, im Bezirk, im Departement und im Staat. Deshalb blieben die nach und nach verlassenen Freimaurertempel leer.

Nach einer Generalversammlung im Dezember 1792 stellte der Großorient Mitte 1793 seine Arbeit ein. Eine sehr kleine Anzahl einzelner Logen konnte ihre Arbeit nicht ganz einstellen. Es war eine fast dreijährige Finsternis[17].

Es ist bedauerlich, dass wir in diesen Dokumenten keine Erklärung für die Frage finden, die wir zu Beginn dieses Bandes gestellt haben: Wie konnte eine so mächtige Vereinigung den revolutionären Strom nicht eindämmen und sich der Ächtung der berühmtesten Freimaurer widersetzen?

Die freimaurerische Aktion von 1789, die von so vielen Historikern ignoriert wird, ist keine neue Entdeckung, denn schon im Jahr 1792 schrieb Le Franc: „Alles, was wir von den Klubs ausgeführt gesehen haben, war von langer Hand in den Freimaurerlogen vorbereitet worden[18]." Die Enthüllungen von Le Franc waren übrigens der Grund für sein Todesurteil.

Die Freimaurerei ist, wie die Clubs, ein englischer Import[19] ; die erste Loge wurde um 1725 in Paris von einigen Engländern gegründet, von denen der namhafteste Lord Derwent Waters war,

---

[17] Bericht von F.∴. Colfavru auf dem Kongress von 1889.

[18] N. Le Franc: *Verschwörung gegen die katholische Religion und die Herrscher.*

[19] Laut dem *Précis sur la Franc-maçonnerie* von César Moreau soll die Existenz dieser Geheimgesellschaft in England auf das Ende des 3.

der später in England enthauptet wurde, weil er für den Freier Charles Edward die Waffen ergriffen hatte. Im Jahr 1736 wurde Lord Harnouester von den vier Pariser Logen zum Großmeister gewählt und sein Nachfolger wurde der Herzog von Antin. Bereits unter Ludwig XV. begannen die internationalistischen Doktrinen der Freimaurerei bekannt zu werden: Man ist überrascht, wenn man in einer Rede des Großmeisters im Jahr 1760 folgenden Satz liest: „Die ganze Welt ist nur eine große Republik, in der jede Nation eine Familie ist. Um diese wesentlichen Maximen zu verbreiten, wurde unsere Gesellschaft zuerst gegründet."

In einem Abstand von hundertfünfzig Jahren ist dies genau die Schlussfolgerung des Berichts von Br. Amiable auf dem Kongress von 1889: „Eine universelle und demokratische Republik, das ist das Ideal der Freimaurerei".

In allen Epochen muss ein Programm für universellen Frieden und Brüderlichkeit viele Menschen mit guten Absichten ansprechen. Die Ereignisse des Jahres 1914 haben jedoch gezeigt, wie gefährlich es ist, sich pazifistischen Träumen hinzugeben.

Nach der Schließung der Großloge von Frankreich im Jahr 1767 trafen sich weiterhin eine Reihe von Werkstätten; einige Logen unterstanden der Großloge von England oder anderen ausländischen Mächten[20]. Auf der Tabelle der Freimaurerlogen in der Korrespondenz des Grand Orient de France im Jahr 1789 sind vier schottische Direktorate und sechs Provinz-Großlogen aufgeführt, darunter eine in Friedrichstein in Westfalen. Insgesamt 629 Logen, davon 63 in Paris, 442 in der Provinz, 38 in den Kolonien, 69, die an militärische Körperschaften

---

[20] Bericht über die Sitzungen des Internationalen Freimaurerkongresses von 1889. S. 66.

angegliedert sind, und 17 in fremden Ländern.

So hatte England nicht aufgehört, seinen Einfluss auf die französische Freimaurerei auszuüben; wir werden auf dieses wichtige Detail noch zurückkommen müssen.

Unter Ludwig XVI. hatte die Freimaurerei in Frankreich schnelle Fortschritte gemacht und unmerklich einen Regimewechsel vorbereitet. Der Fr.·. Amiable konnte daher in seinem Bericht an den Kongress von 1889 mit Recht schlussfolgern: „Die Freimaurer des 18. Jahrhunderts haben die Französische Revolution gemacht."

Die privilegierten Orden hatten sich in den Logen mit dem Dritten Stand zusammengeschlossen, bevor sie es in Versailles taten. Man sah, dass Offiziere von niedrigem Rang in den Logen die Offiziere, die sie im Regiment befehligten, als Untergebene hatten. Der Sergeant der Gardes Française traf sich mit den Generalstabsoffizieren[21]. Man kann sich vorstellen, was dies für die Disziplin bedeutete.

So ist in der Loge „Union de Toul Artillerie" der ehrwürdige Sergeant Compagnon der Vorgesetzte des Feldmarschalls d'Havrincourt[22]. Die höchsten Lords, die Prinzen des Blutes, hatten sich nach und nach der Sekte angeschlossen.

„Die Existenz der hohen Grade wurde ihnen sorgfältig vorenthalten; sie wussten von der Freimaurerei nur so viel, wie man ihnen ohne Gefahr zeigen konnte." Da die Sekte eine große Anzahl von Männern umfasste, die „jedem Projekt der sozialen Umwälzung ablehnend gegenüberstanden, vervielfachten die Neuerer die zu erklimmenden Stufen der Leiter und schufen

---

[21] Bericht über die Sitzungen des Internationalen Freimaurerkongresses, S. 60.

[22] MADELIN: *Die Revolution*, S. 24.

Hinterhöfe, die den glühenden Seelen vorbehalten waren[23]." Es sind diese Hinterzimmer, die die Revolution vorbereiten und lenken, während die Mehrheit der Mitglieder glaubt, einer philanthropischen Vereinigung anzugehören. Während die Logen in Paris Feste und Festessen veranstalten, konspirieren ausländische Freimaurer aktiv. Weishaupts Illuminaten planen, alle Monarchien zu stürzen. Laut Gustave Bord predigen sie nicht die Ermordung von Herrschern, wie es ihnen oft vorgeworfen wird; in diesem Fall würden sie bei den meisten Eingeweihten ein Gefühl des Entsetzens hervorrufen. Die Sekte ist viel gefürchteter, wenn sie sich großzügige Ideen zu eigen macht. Nach und nach schafft sie eine revolutionäre Meinungsbewegung und zerstört die Achtung der Völker vor den Königen.

Die Erleuchteten vertrauen ihre Briefe nie der Post an; Mitglieder der Gesellschaft gehen von einem Haushalt zum anderen, um die für die Vereinigung relevanten Mitteilungen zu überbringen und zu empfangen.[24]

Es wird jedoch anerkannt, dass der Tod von Gustav III. ein Verbrechen der Illuminaten war. Wenn sie auch anderer Morde verdächtigt wurden, so muss man doch zugeben, dass der Anschein gegen sie sprach. Zwei Herrscher in Europa standen der Revolution feindlich gegenüber, der König von Schweden und der Kaiser von Österreich: Ersterer wollte entgegen der Meinung seines Botschafters, Staël Holstein, in Frankreich intervenieren, als er ermordet wurde. Der Kaiser starb angeblich an den Folgen seiner Ausschweifungen; man kann jedoch nicht umhin zu bemerken, dass es ihm am 19. Februar 1790 auf dem Hofball recht gut ging, als ihm eine maskierte Frau ein Bonbon anbot. Vierundzwanzig Stunden später war er tot.

Mirabeau, der für den König Partei ergriff, konnte die

---

[23] Louis BLANC: *Histoire de la Révolution Française*, t. II, ch. 2.

[24] *Secret Societies Review*, 20. Mai 1913.

Revolution aufhalten. Sobald die Geheimgesellschaften einen Verdacht gegen ihn hegten, ereignete sich ein seltsamer Vorfall: Pellenc und Frochot nahmen Kaffee, der für Mirabeau bestimmt war, und wurden schwer unpässlich. Als der berühmte Tribun krank wurde, glaubte er, vergiftet zu sein; es wurde die Parole ausgegeben, dass er wie der Kaiser von Österreich an den Folgen seiner Exzesse sterben würde; dennoch schlossen sieben Ärzte auf Vergiftung, die Doktoren Larue, Chêvetel, Forestier, Paroisse, Roudel, Couad und Soupé[25]. Fourcroy, das spätere Mitglied der Akademie der Wissenschaften, erklärte Cahier de Gerville, Mirabeau sei einem Mineralgift erlegen, und man habe Stillschweigen bewahrt, um Unruhen zu vermeiden.[26]

Man muss zugeben, dass der Zufall den revolutionären Plänen wunderbar diente; das erklärt die Anschuldigungen, die im Übrigen unmöglich zu beweisen sind.

Gustave Bord bestreitet die den Freimaurern zugeschriebenen Verbrechen; er gibt jedoch zu, dass die bayerischen Illuminaten *„mit allen Mitteln"* auf den Sturz der monarchischen Regierungen hinarbeiteten.

Hier Cagliostros Geständnis über seine Einweihung in die Sekte: „Der erste Schlag der Verschwörung gegen die Throne sollte Frankreich treffen; nach dem Sturz der Monarchie sollte Rom angegriffen werden." Cagliostro erfuhr, dass der Geheimbund, dem er nun angehörte, starke Wurzeln hatte und über eine Kriegskasse verfügte. „Er erhielt eine große Summe, die für Propagandakosten bestimmt war, bekam die Anweisungen des Kultes und reiste nach Straßburg[27]." Dann

---

[25] *Mirabeaus Memoiren,* T. VIII, S. 464.

[26] *La Révolution, La Terreur, Le Directoire,* von DESPATYS (nach den Memoiren von A. GAILLARD, Präsident des Exekutivdirektoriums von Seine-et-Marne).

[27] Louis BLANC: *La Révolution Française (Die Französische Revolution),* T.

wurden zwei Delegierte, Busche el Bode, nach Paris geschickt, um sich mit den französischen Logen zu verständigen. Laut Georgels Memoiren beschlossen die Führer der Sekte, mit Frankreich zu beginnen, weil Deutschland noch nicht reif für die Revolution war. Warum gehen wir auch nicht davon aus, dass unsere katholische Monarchie dem Israeliten Weishaupt unsympathisch war? Er war es, der seinen Glaubensbruder Cagliostro aussandte, um die französische Freimaurerei darauf vorzubereiten, die Führung der deutschen Illuminatenführer anzunehmen. Er war es, der sich um die Gründung einer internationalen Föderation der Logen bemühte[28]. Zur gleichen Zeit reiste Thomas Ximenès mit einer Mission der Sekte durch Europa; Cagliostro traf ihn in unzähligen Städten, immer unter verschiedenen Namen und Verkleidungen, und streute überall Geld aus.

Während seiner Reise nach Berlin kam Mirabeau mit den Illuminaten in Kontakt, und es ist nicht uninteressant, seine damalige Meinung mit seinem späteren Verhalten zu vergleichen. Ihre Partei", schrieb er, „gewinnt auf erschreckende Weise an Boden. Ich werde Ihnen diesbezüglich eine Anekdote enthüllen, die geheim zu halten für meine Sicherheit unendlich wichtig ist:" - Die Anekdote ist in den verschiedenen Ausgaben der Werke Mirabeaus durch Punkte ersetzt; das Manuskript befindet sich im Archiv des Außenministeriums.[29]

„Zwei Männer von vornehmer Geburt, beide im Dienst, beide noch heute eifrige Freimaurer, hatten geglaubt, in den Freimaurergesellschaften einige Ressourcen zu erblicken, der

---

II, Kap. 2.

[28] Bericht verlesen bei der Vollversammlung der Logen Paix et Union und la Libre Conscience im Orient von Nantes am 23. April 1883. Dasté: *Marie Antoinette and the Revolution*, S. 194. Omnia Veritas Ltd, www.omnia-veritas.com.

[29] Preußen: Memoiren und Dokumente, v. 14.

eine für seinen Ehrgeiz, der andere für die Menschheit... Sie wurden zu den höchsten Graden bestimmt... Sie wurden am selben Tag eingeweiht, der eine in Berlin, der andere in Breslau.....

Der Empfänger muss 24 Stunden lang fasten... dann wird er gezwungen, eine Spirituose zu trinken, und in einen schwarz ausgekleideten Raum gebracht, der von drei gelben Kerzen beleuchtet wird. Fünf Männer, die wie Zauberer gekleidet sind, erscheinen und setzen sich auf Kissen; mehrere schreckliche Detonationen sind zu hören, Stöhnen und Krämpfe folgen ihnen. Ein Mann tritt auf den Eingeweihten zu und legt ihm ein mit silbernen Schriftzeichen bedecktes Auroraband auf die Stirn; ein zweites Band, auf dem mehrere mit Blut gezeichnete Kreuze zu sehen sind, wird ihm um den Hals gelegt. Schließlich wird ihm ein zweites Kupferkreuz mit Hieroglyphen überreicht, eine Art Amulett, das mit einem Tuch bedeckt ist, und ein Stück Alaun, das er in den Mund nehmen sollte, wenn der beschworene Höllengeist erschien...

Einer der Schauspieler in dieser dunklen Szene las die schreckliche Formel des Eides vor, den die Eingeweihten ablegen mussten: Er bestand aus dem Versprechen, dem Oberhaupt des Ordens alle Geheimnisse, die anvertraut oder entdeckt werden konnten, zu verraten, alles zu erforschen, was zu wissen wichtig war; wenn nötig Eisen oder Gift anzuwenden; diejenigen, deren Tage unvorsichtigerweise abgeschnitten wurden, zu Narren zu machen. (In diesem Teil des Eides finden sich unter anderem die Worte: *honora semper aquam nefariam.*) Jede Religion, jedes Versprechen, jede Pflicht und jedes Gefühl der Entscheidung der Anführer zu unterwerfen. Demjenigen das Recht auf den eigenen Tod zu geben, der überführen kann, die anvertrauten Geheimnisse verraten zu haben.

Dieser abscheuliche Eid versetzte die Proselyten in solches Entsetzen, dass sie erklärten, sie könnten ihn nicht leisten. Das sind die wörtlich übereinstimmenden Einzelheiten, die zwei Männer), die als Ehrenleute bekannt sind, ohne sich abzusprechen oder zu sehen, enthüllt haben. Man soll nicht sagen: „Wie kommt es aber, dass diese beiden Männer noch leben? Denn abgesehen davon, dass einer von ihnen, der Delikateste, zusehends verkümmert, war es nicht unter Friedrich II. möglich, zwei vornehme Offiziere verschwinden zu lassen.

... Diese mörderische Sekte, die Könige, Philosophen und mutige Geister unter der Spitze des Schwertes oder des Gifts hält, hat Häuptlinge, Minister und eine regelmäßige Kommunikation. Die Häuptlinge der Provinzen wurden von ihrem Hohepriester, dem ehrgeizigen Welner, nach Berlin berufen."

Im folgenden Jahr wurden die Abgesandten der Erleuchteten in Paris von Mirabeau der Loge Les Amis Réunis vorgestellt, und es wurde ein Bündnis zwischen der französischen Freimaurerei, den Erleuchteten und den Martinisten geschlossen. Was war der Grund für diese Kehrtwende des berühmten Redners? Wahrscheinlich der Einfluss der schönen Henriette Herz; zu allen Zeiten war die Schönheit der Jüdinnen eines der Instrumente der israelitischen Eroberung. Der Salon der Mendelssohns, in dem Mirabeau Henriette Herz kennenlernte, war ein Versammlungszentrum der Illuminaten. Wenn man diese Hypothese ablehnt, könnte man immer noch annehmen, dass der Deal zu einer Zeit geschlossen wurde, als Mirabeau Geld brauchte.

Die Loge Les Amis Réunis, in die Mirabeau die deutschen Delegierten einführte, war speziell für die Beziehungen mit dem Ausland zuständig. Unter dem Vorsitz von Savalète de Lange wurde sie von einem geheimen Komitee geleitet, das aus Willermoz, Court de Gébelin, Bonneville, Mirabeau und Chappe de la Heuzière, dem Abgeordneten des Martinismus auf dem Kongress von Willhemsbad, bestand. Dieses Komitee hatte bereits am 15. Februar 1885 einen internationalen Konvent einberufen, an dem Talleyrand, Cagliostro, St-Martin, Mirabeau und St-Germain teilnahmen. Wenn man die Protokolle dieser Treffen entdecken könnte, würden sie zweifellos den Schlüssel zu den meisten Ereignissen der Revolution liefern. Aber in den

Protokollen, die von der *Freimaurer-Welt* [30] veröffentlicht wurden, wurde alles, was mit Politik zu tun hatte, sorgfältig unterdrückt.

Sie enthalten jedoch eine wichtige und aufschlussreiche Liste, auf die wir die Aufmerksamkeit der Autoren lenken möchten, die das Wirken des Auslands in der Französischen Revolution leugnen.

Zu den Mitgliedern des Konvents, von denen die meisten an den Abstimmungen teilnahmen, gehörten:

Prinz Ferdinand von Braunschweig.

Prinz Charles von Hessen.

Prinz Ludwig von Hessen.

Prinz Friedrich von Hessen.

General Rheinsfort (in London).

Baron von Bentz, Kanzler von Sachsen.

Prinz von Nassau.

Herzog von Luxemburg.

Baron von Seckendorf (in Anspach).

Maubach (in London).

D'Ester (in Hamburg).

Brooks (in London).

Schmerber (in Fransfort.).

Boode, Aularat in Weimar.

---

[30] Der Konvent der Philalethes, 1785-1787. *Freimaurerische Welt,* V. XIV und XV. Siehe Belege.

Heseltine (in London).

Der Markgraf von Anspach.

Baron Decking (in Warschau).

Baron von Ditfurth, in Weimar.

Graf von Esterrazzi[31], in Wien.

Deick, Professor in Leipsick.

D'Haugwitz.[32]

Forster.

Baron von Gleichen (in Regensburg).

Prinz von Anhalt (in Hamburg).

Hemerberg (in Frankfurt).

Matolay (in Wien).

Doktor Prévost (Galizien).

De Roskampf, Aulischer Rat in Heilbronn.

Doktor Stark (in Darmstadt).

De Toll (Stockholm).

Toedon, Armeechirurg in Berlin.

Graf Zapary (Wien).

Graf von Wachter (Frankfurt).

Graf von Stroganoff (St. Petersburg).

Graf Wolner (Berlin).

Baron von Sibal (Stockholm).

---

[31] Wir halten uns an die Rechtschreibung der *Freimaurerwelt.*

[32] Dabei handelt es sich natürlich um den Berater des Königs von Preußen, auf den wir später noch zu sprechen kommen werden.

De Bernières, Cre General der Schweizer.

Kœner (in Leipsick).

Graf von Brühl, Generalleutnant in sächsischen Diensten...

Baron von Beulwiz (Gondelstadt-Thüringen).

De Falgera[33], (München), etc...

Aufgrund der überraschend hohen Zahl ausländischer Freimaurer wurde folgende Resolution verabschiedet: „Es werden zwei Protokolle geführt, eines in deutscher Sprache unter der Leitung von Br.-Fr. Baron de Gleichen und das andere auf Französisch unter der Leitung von Fr.-. de Chefdebien[34].

Bereits die Halsbandaffäre, die von der Loge Amis Réuni[35] geschickt eingefädelt worden war, hatte die Königin kompromittiert, den Episkopat in Verruf gebracht und die Meinungsverschiedenheiten zwischen Hof und Parlament verschärft. Goethe vertrat die Ansicht, dass diese Affäre „das unmittelbare Vorspiel und die Grundlage der Revolution war[36]." Bereits im Jahr 1786 sagte Cagliostro die Zerstörung der Bastille und einen Teil der Ereignisse voraus, die drei Jahre später eintraten.[37]

Nach und nach drang die Freimaurerei in die Parlamente und das Umfeld von Ludwig XVI. ein und gründete 81 Logen in Paris

---

[33] Der Bericht stellt fest, dass FALGERA mit „der berühmten Miss Paradis" in Paris ist.

[34] *Freimaurerische Welt,* V. XIV, S. 104.

[35] DESCHAMPS: *Les sociétés secrètes,* t. II, S. 129.

[36] FUNK BRENTANO: *Die Halsbandaffäre,-,* S. 2 ff.

[37] DE LANNOY: *La Révolution préparée par la franc-maçonnerie,* S. 39. Omnia Veritas Ltd, www.omnia-veritas.com.

und über 200 in der Provinz.[38]

Die Parlamentarier schließen sich der reformierten Templer-Strengen Observanz in Deutschland an, deren Großmeister Herzog Ferdinand von Braunschweig ist; es ist diese letztgenannte Gruppierung, „die den ersten und ernsthaftesten Angriff auf die Monarchie führen wird[39]."

Der preußische Einfluss auf die Freimaurerei war übrigens nicht neu: Bereits im Jahr 1762 verfasste eine in Bordeaux versammelte Kommission die Statuten des Schottischen Ritus. Es ist bekannt, dass dieser Ritus eine Art Aristokratie in der Freimaurerei darstellt. Artikel 3 legt „einen Souveränen Rat fest, der aus den Vorsitzenden der Einzelräte besteht, unter dem Vorsitz des Souveränen der Souveränen, S. M. Friedrich II. König von Preußen, oder seines Vertreters[40]."

Friedrich II. interessierte sich für die Arbeit der Logen, während der Herzog von Orléans nur an Festen und Banketten teilnahm. Im Jahr 1786, einige Monate vor seinem Tod, leitete der preußische König noch persönlich den Obersten Rat, der die Anzahl der Grade des Schottischen Ritus auf 33 erhöhte.[41]

Die Loge Union in Frankfurt erklärte, dass sie keine andere Autorität als die Großloge von London anerkenne.[42]

Am 10. Februar 1790 wurden Prinz Edward von England, der Herzog von Kent und Prinz August Friedrich Herzog von Sussex

---

[38] BARRUEL: *Mémoires sur le Jacobinisme*, s. S. 65.

[39] G. BORD: *Autour du Temple*, Bd. II, S. 501.

[40] Organisation der 33 Grade des Schottischen Ritus in Frankreich (Le *Monde maçonnique*. v. III, S. 155).

[41] Bericht von Br. PYRON.

[42] Findel: *Geschichte der Freimaurerei*, Bd. I S. 342.

als Mitglieder einer Loge in Berlin aufgenommen.[43]

Die Revolutionäre hatten in der königlichen Familie einen ehrgeizigen Mann entdeckt, der bereit war, Ludwig XVI. zu stürzen, um seinen Platz einzunehmen. Dieser skrupellose Prinz war so unintelligent, dass er glaubte, das freimaurerische Motto L. P. D. *(Lilia pedibus destrue)* bedeute Louis Philippe d'Orléans. Da er gleichzeitig über ein prächtiges Vermögen verfügte, war er der perfekte Anführer: Er diente dazu, die Bewegung in Gang zu bringen, und dann wurde er entsorgt. Der Herzog von Orléans wurde daher 1771, nach dem Tod von Cte de Clermont, zum Großmeister der Freimaurerei ernannt. Seine Rolle beschränkte sich jedoch darauf, von weitem bei den Prunkzeremonien aufzutreten.[44]

Ende 1788 reisten zwei der Direktoren der deutschen Illuminaten, Bode und Knigge, nach Paris, um die Vorbereitungen voranzutreiben. Bei der Eröffnung der Generalstände wurde eine Propagandaloge in der Rue Richelieu 26 gegründet; der Herzog von Orléans zahlte 400.000 Francs ein, und Subskriptionen, deren Listen nicht mehr auffindbar sind, fügten 1.100.000 Francs hinzu. Zu den Mitgliedern gehörten die Engländer Boyle, O'Kard, O'Connor, Price und William Howard, die Genfer Clavière, Duroveray und Verne, die Spanier Benarvides, St. Severanda, d'Aguilar, d'Oyoso, der Deutsche Grimm etc. Lord Stanhope, einer der Führer der englischen Freimaurerei, besuchte sie häufig. Man sieht, wie sehr die Freimaurerei unter ausländischem Einfluss zu stehen scheint. Cagliostro gab übrigens während seines Prozesses zu, dass er den Auftrag erhalten hatte, die französischen Logen darauf vorzubereiten, die Führung der deutschen Illuminaten zu

---

[43] *Id.*, T. II, S. 14, der F.-. FINDEL übrigens die Wirkung der Freimaurerei auf die Französische Revolution ab.

[44] Bericht über den Freimaurerkongress von 1889, S. 52.

akzeptieren.

Der Graf von Haugwitz, einer der Führer der preußischen Freimaurerei, gab beim Verlassen der Sekte zu, dass die Französische Revolution, der Königsmord usw. in Deutschland durch die Freimaurerei gelöst worden waren[45]. Dies ist die Erklärung für das Wort, das Mirabeau zugeschrieben wird; als er bei der Eröffnung der Generalstände auf Ludwig XVI. zeigte, rief der Tribun angeblich: „Hier ist das Opfer."

Es ist nicht überflüssig zu erwähnen, dass von 605 Abgeordneten des Dritten Standes 477 der Freimaurerei angehörten.

Nach dem 17. Juni 1789", schrieb der Richter Colliette Mégret an den Innenminister François, „hätte man geglaubt, man sei in der Nationalversammlung in einer Loge. Die Freimaurerei hat verschwenderisch zur Revolution beigetragen[46]. „Mégret berichtet über das Wiedererwachen der Freimaurerei im Germinal des Jahres VII: „Die Logen scheinen sich von allen Seiten neu aufzubauen. Man nimmt dort nur Bürger auf, die sich durch ihren Hass auf das Königtum und die Anarchie, durch ihre Verbundenheit mit der Republik und der Verfassung des Jahres III bewährt haben. Jedes Mitglied, das in dieser Hinsicht abweicht, wird vertrieben und geächtet."

Zusammenfassend lässt sich sagen, dass die Freimaurerei ein wunderbares Instrument der Zerstörung war; aber sie scheint von der unsichtbaren Hand, von der Robespierre spricht, eingesetzt worden zu sein. Der Impuls scheint von Deutschland und England ausgegangen zu sein. Nach dem Sturz der Monarchie ging die Macht der Freimaurerei zurück, und zwar genau zu dem

---

[45] Siehe unter Belege den Artikel über die Verurteilung von Ludwig XVI. durch die Freimaurerei.

[46] National Archives (Nationalarchiv). F^7 7566 R^1 630.

Zeitpunkt, als das Ausland ihre Dienste nicht mehr benötigte; außerdem kann es sich dabei nur um einen Zufall handeln. Während der Schreckensherrschaft wurden die wichtigsten Logen geschlossen und ein großer Teil der Sektenführer verboten. Erst 1795 machte sich Rœltier de Montaleau daran, die Logen wieder zu beleben. Das erste große Fest, das in Paris von 18 Logen veranstaltet wurde, fand 1797 statt. Der F.-. Colfavru stellt fest[47], dass „unter dem finsteren Mann von Brumaire die Freimaurerei sich entwickelt,... aber sie kann nur leben, indem sie dem Despoten schmeichelt." Sie wird übrigens weiterhin Ergebenheits- und Treuebekundungen gegenüber dem Kaiserreich, der Restauration, Louis Philippe, Napoleon III. usw. abgeben, und wir können mit F.-. Colfavru: „Nichts ist elender als diese Beweihräucherungen, diese Gratulationen an die Macht[48]."

Personen, die die anglo-preußische Führung der Freimaurerei im Jahr 1789 nicht wahrhaben wollen, können die Rolle der Sekte mit der uralten Tradition der Templer erklären: Seit dem Tod von Jacque Molay planten die Templer stets, sich am französischen König und am Papst zu rächen. Herr Tourmentin, der berühmte Anti-Freimaurer-Schriftsteller, hat eine Reihe von kuriosen Dokumenten über die Templer-Ursprünge der Freimaurerei zusammengetragen. Im Gegensatz dazu hat Br.-. Jouaust [49] diese Hypothese ab und liefert ziemlich gute Argumente für einen rein englischen Ursprung.

Wie dem auch sei, der englische und sogar der preußische Einfluss in der Revolutionszeit scheinen unbestreitbar zu sein.

Nach dem Fall der Monarchie war es der deutsche Illuminismus, der die Idee des Festes der Göttin Vernunft in die

---

[47] Bericht an den Internationalen Freimaurerkongress von 1789.

[48] *Id*, S. 75.

[49] *Le Monde Maçonnique*, v. VI, S. 9.

Welt setzte und eine neue Religion vorschlug, die den Katholizismus verdrängen sollte. Zweitens ist es so gut wie unmöglich, die Beziehungen unserer Freimaurerei zum Ausland zu entdecken. Man muss sich nur an eine sehr treffende Bemerkung von F.-. Dequaire auf dem Kongress von 1889 erinnern: „Die große Bewegung von 1789 ist für jeden unverständlich, der sich nicht darauf vorbereitet hat, sie mit Hilfe der Freimaurergeschichte zu studieren".

Henri Martin hat die Geheimgesellschaften zu Recht als „das Laboratorium der Revolution" bezeichnet."

KAPITEL III

DIE ISRAELITEN[50]

Wird die Freimaurerei derzeit von den Führern der israelitischen Nation geleitet? Viele Autoren behaupten dies, aber es fehlt an Beweisen. Grundsätzlich gehören Juden nicht dem Ordensrat an. Die Liste wäre lang, wenn ich die Namen der bemerkenswertesten Israeliten aufzählen wollte, die der Freimaurerei angehören oder angehört haben", schrieb Br. Hubert 1886 in der Chaîne *d'Union*, der Zeitung der universellen Freimaurerei.[51]

Herr Bernard Lazare behauptet, dass es in der Wiege der Freimaurerei Juden gegeben habe.[52]

Später erklärte ein Freimaurer gegenüber M. de Camille: „Ich habe meine Loge verlassen, weil ich zu der Überzeugung gelangt bin, dass wir nur das Werkzeug der Juden sind"[53].

Derzeit gibt es in der englischen Freimaurerei etwa zwanzig

---

[50] Um Berichtigungen zu vermeiden, nennen wir es so, dass wir zu den Juden nicht nur diejenigen zählen, die die jüdische Religion ausüben, sondern alle Personen, die der israelitischen *Rasse* angehören.

[51] Siehe *Revue des Société Secrètes,* 1918.

[52] Bernard Lazare: *Antisemitismus, seine Geschichte, seine Ursachen.*

[53] Delassus: *Die Judenfrage*, S. 20.

Prozent Israeliten: 43.000 von 225.000[54] ; die Hiram-Loge ist vollständig jüdisch.

In Preußen hingegen ließen die wichtigsten Logen keine Israeliten zu.

Im 18. Jahrhundert wurden Juden nur schwer in unseren Logen aufgenommen.[e]

Heute ist das nicht mehr so, und die Dreyfus-Affäre hat den Einfluss der Juden auf die Freimaurerei bewiesen. Man hat sich gefragt, ob der Bund der Juden und Freimaurer im Jahr 1789 existierte. Weishaupt, der Gründer des Illuminismus, war Israelit, ebenso wie Paschales und Martines, die Führer der Martinisten.

Die beiden ersten Freimaurer, die eine politische Rolle spielten, waren ebenfalls Juden: Cagliostro und St-Germain. Die beiden Preußen, die sich beim Sturm auf die Monarchie hervortaten, Ephraim el Anacharsis Cloots, gehörten derselben Rasse an. Die „religiösen Riten aller Illuminaten haben der Kabbala entlehnt"[55].

Schließlich wurde der Misraïmer Ritus in Frankreich während des ersten Kaiserreichs von einem jüdischen Abenteurer, Fr. Bédarrides, gegründet.

Die Befürworter der Gegenthese entgegnen, dass es zwar sicher sei, dass Cloots, Ephraim und Weishaupt Juden waren, dass aber eine gewisse Ungewissheit über Cagliostro, Paschales, Martine und St. Germain bestehe.

Die Lage der Juden in Frankreich unter Ludwig XVI. war völlig unterlegen; die Führer der Freimaurerei gehörten den

---

[54] Theo. Dedalus: *Das jüdische England.*

[55] DELASSUS: *Das Problem der gegenwärtigen Stunde.*

lateinischen und angelsächsischen Rassen an.

Wie dem auch sei, es ist merkwürdig, die geringe Zahl der zur Zeit der Revolution in Paris lebenden Israeliten mit der Bedeutung der Rolle, die sie spielten, zu vergleichen. Man weiß, wie ihre Situation unter der Monarchie war; es ist ganz natürlich, dass die Juden einen Regimewechsel befürworteten. Da die Geheimgesellschaften den Katholizismus angriffen, waren die Juden natürlich die Verbündeten der Freimaurer, und das wird auch unter allen Regimen so bleiben. In den Worten von E. Flourens: „Das Werk der Zerstörung wird erst aufhören, wenn sich auf den Ruinen der christlichen Reiche das Königreich Israel erhebt."

Man sollte auch nicht den Satz eines englischen Rabbiners vergessen, der von Sir J. Readcliff[56] zitiert wurde: „Jeder Krieg, jede Revolution bringt den Moment näher, in dem wir das höchste Ziel erreichen werden, nach dem wir streben". Es ist nicht unbekannt, dass dieses Ziel die Errichtung der Vorherrschaft der jüdischen Rasse über die ganze Welt ist.

Der Plan, der in den Protokollen der geheimen Treffen der Weisen Israels in Bezug auf die Beziehungen zur Freimaurerei dargelegt wird, lautet wie folgt: „Wir werden die Freimaurerlogen in allen Ländern der Welt vermehren; sie werden unter einer einzigen Leitung zentralisiert, die nur uns bekannt und den anderen unbekannt ist. Sie werden ihren Vertreter in unserem Vorstand haben, wo dieser Vertreter die Verbindung mit der vordergründigen freimaurerischen Regierung herstellen wird"[57].

Die Freimaurerei hat sich immer zum Anwalt jüdischer Forderungen gemacht; bereits im Jahr 1781 wurde ein Israelit,

---

[56] *Le Contemporain (Der Zeitgenosse).* 1er Juli 1880.

[57] Protokolle von Israel. Edition de la vieille France, S. 54.

Morin, zum Generalinspektor der Freimaurerei von Paris ernannt[58]. In einem israelitischen Salon bei den Mendelssohns knüpfte Mirabeau Kontakte zu den Illuminaten, deren Gründer Weishaupt Jude war. Von dem Tag an, als Mirabeau in diesem Salon die schöne Henriette Herz kennengelernt hatte, wurde er in Frankreich zum Verteidiger der Israeliten.[59]

Die Juden in Frankreich, die normalerweise mit ihren Geschäften beschäftigt waren, schienen unter Ludwig XVI. mit der Politik nichts zu tun zu haben. Die ersten Juden, die eine Rolle spielten, waren der Sizilianer Cagliostro und der Portugiese St-Germain.

Balsamo, der Sohn eines Bankiers, hatte Italien verlassen, um einer Verurteilung wegen Fälschung zu entgehen; er verdiente sich in London durch Erpressung etwas Geld und reiste nach Deutschland. Dort betätigte er sich als Arzt und Graf von Cagliostro. Als er 1780 in Straßburg ankam, führte er wunderbare Heilungen durch[60], gewann alle Sympathien und erweckte beim Kardinal von Rohan ein grenzenloses Vertrauen. Er fand einen Weg, nicht zu sehr in die Halsbandaffäre verwickelt zu werden, aber dennoch wurde er ins Exil geschickt und ließ sich in London nieder. Nach mehreren Reisen nach Italien, Deutschland, in die Schweiz usw. wurde Cagliostro in Rom wegen seiner Zugehörigkeit zu Geheimgesellschaften verurteilt und seine bewegte Karriere endete im Gefängnis.

St-Germain verbreitete das Gerücht, er sei ein unehelicher Sohn des Königs von Portugal. In Wirklichkeit ist man sich über die wahre Heimat seines Vaters nicht im Klaren; man glaubt nur,

---

[58] Lecouteulx de Canteleu: *Sekten und Geheimgesellschaften.*

[59] Claudio Janet: *Die Vorläufer. Die Geheimgesellschaften.*

[60] Seine Behandlungen hatten jedoch einen Nachteil: In schweren Fällen heilte er nur, indem er die Krankheit in eine andere Person schickte (siehe Dauphin Meunier. *La Comtesse de Mirabeau*).

dass er ein israelitischer Bankier war, der wahrscheinlich aus Portugal stammte. In Mailand hieß StGermain Ritter Valdone, in Wien Marquis von Montferrat, in Venedig Graf von Bellemare, in anderen Ländern Graf von Tzagory, Graf Soltikof oder Ritter Schœning. Er sprach übrigens alle Sprachen, was seine Metamorphosen erleichterte.[61]

St-Germain gelang es, das Vertrauen Ludwigs XV. zu gewinnen, und laut M. Lenôtre soll er für Friedrich II. spioniert haben. Er erweckte so sehr den Verdacht der französischen Regierung, dass Choiseul 1759 den Befehl gab, ihn zu verhaften; doch St-Germain entkam und flüchtete nach London; nach dem Siebenjährigen Krieg nahm er die Gastfreundschaft des Prinzen Karl von Hessen an und blieb bis zu dessen Tod bei ihm.

St-Germain trug Diamanten im Wert von bis zu 200.000 Francs an seinen Kleidern und verfügte, ebenso wie Cagliostro, über sehr große Geldsummen. Casanova[62] berichtet über seine Vorstellung bei St-Germain folgendermaßen: „Er befand sich in einem armenischen Gewand, mit einer spitzen Mütze. In der Hand hielt er einen Stab aus Elfenbein. Er sagte mit großem Ernst: „Es ist der Graf von Cobentzel, der erste Minister von Österreich, der mir Beschäftigung gibt. Ich arbeite, um ihm zu gefallen, an der Errichtung einer Fabrik".

Casanova fügt hinzu, dass St. Germain vor seinen Augen eine Zwölf-Pfennig-Münze in eine Goldmünze verwandelte. Das ist genau die gleiche Vorgehensweise wie bei Cagliostro: Den Dummköpfen einreden, man besitze eine übernatürliche Macht, und unter dem Deckmantel der Exzentrik im Verborgenen die Aufträge der Geheimgesellschaften ausführen.

---

[61] Lenôtre: *Prussiens d'gestern et de toujours. Der zaubernde Spion des Königs von Preußen*, S. 141.

[62] *Casanova's Memoiren, Bd.* IV, S. 265.

Die. ersten Pamphlete gegen Marie Antoinette wurden in London von dem Juden Angelucci, der sich in England W nannte, veröffentlicht. Hatkinson genannt wurde. Wir werden in Kapitel VIII sehen, wie die gesamte Kampagne gegen die Königin von dem Juden Ephraim organisiert wurde. Da Maria Theresia von Österreich die Israeliten verfolgt hatte, war beschlossen worden, dass man sich an ihren Nachkommen rächen würde; der Kerkermeister Simon übernahm diese Aufgabe.

Das Buch des preußischen Juden Dohm über die Emanzipation der Israeliten „hatte mehr Einfluss auf die Eröffnung der Revolution, als man sagen könnte"[63]. „Der Jude", so Bernard Lazare, „hat den revolutionären Geist, ob bewusst oder unbewusst"[64]. Die jüdische Zeitung *Haschophet* behauptete kürzlich, die Französische Revolution sei ein rein semitisches Werk.[65]

Es ist bemerkenswert, dass die Enzyklopädisten, die die revolutionäre Bewegung ins Rollen brachten, Antisemiten waren. Voltaire unter anderem nannte die Juden „die hasserfüllteste und schändlichste der kleinen Nationen[66] „. Sie haben, wie er im Dictionnaire philosophique bemerkte, „den unbesiegbarsten Hass auf die Völker, die sie dulden und bereichern".

Doch als die Philosophen alles umgeworfen hatten, waren die Israeliten die ersten, die mit ihrer üblichen Geschicklichkeit davon profitierten.

Ludwig XVI. hatte 1788 beschlossen, dass den Israeliten die

---

[63] J. Lémann: L'*entrée des Juifs dans la société Française (Der Eintritt der Juden in die französische Gesellschaft)*, S. 373.

[64] Bernard Lazare: *Antisemitismus, seine Geschichte, seine Ursachen.*

[65] Mgr. Delassus: *La question juive*, S. 18.

[66] *Gott und die Menschen.* Ch. X. Theo. Dedalus: *Jüdisches England.*

Bürgerrechte gewährt werden sollten. Es scheint, dass man ihm dafür nicht dankbar war, und die Revolution schrieb sich selbst den ganzen Verdienst zu. - Wir finden diese Bemerkung in den Schriften eines wertvollen Israeliten, der den Katholizismus angenommen hatte, Abbé J. Lémann. Er formulierte übrigens mit viel Feingefühl und Urteilsvermögen den Nachteil der Entscheidung Ludwigs XVI.: „Die Juden wollten immer eine abgesonderte und undurchdringliche Nation bilden;... sie zu Bürgern zu machen, wird bedeuten, eine bewaffnete Nation in eine unbewaffnete und vertrauensvolle Nation einzuführen"[67].

In der Tat ist es eine der großen Fähigkeiten der Israeliten, eine Rassenfrage in eine Religionsfrage umzuwandeln; so konnten sie die Antisemiten der religiösen Intoleranz beschuldigen und sich oft die Unterstützung der Protestanten gegen die Katholiken sichern. Nach Portalis' Bemerkung bilden sie „weniger eine Religion als ein Volk, das bei allen Nationen existiert, ohne sich mit ihnen zu vermischen"[68].

Sobald die königliche Entscheidung, die Israeliten zu emanzipieren, von Malesherbes verkündet worden war, brachten die Juden, ohne Zeit zu verlieren, die Kandidatur des Bankiers Haller für das Finanzressort auf den Weg. Haller hatte laut Mercy Argenteaus Korrespondenz den Ruf eines skrupellosen Agioteurs.

Fast alle Israeliten, die zu Beginn der Revolution eine Rolle spielten, kamen aus dem Ausland. Diejenigen in Frankreich, die mit ihrem Schicksal zufrieden waren, hatten keine Gründe mehr für eine Revolte. Dennoch blieb die Parole, die Monarchie und den Katholizismus zu stürzen, unverändert, und sie folgten ihren ausländischen Glaubensbrüdern mit jener Solidarität und

---

[67] J. Lémann: L'entrée des Israélites dans la société Française (Der Eintritt der Israeliten in die französische Gesellschaft), S. 397.

[68] Denais Darnay: Die Juden in Frankreich.

Disziplin, die ihre Stärke ausmachten. „Während der Revolutionszeit blieben die Juden nicht untätig", sagt M. B. Lazare[69]. Angesichts ihrer geringen Zahl in Paris sieht man sie einen beträchtlichen Platz als Sektionswähler, Legionsoffizier oder Beisitzer usw. einnehmen." Von den 500 Pariser Israeliten wurden 100 in der Nationalgarde gezählt.[70]

Laut Herrn E. Drumont war Marat jüdischer Abstammung; einer seiner Biographen, Cabanes, hatte diese Hypothese ebenfalls erwähnt, die wir jedoch nicht überprüfen konnten. Den meisten Autoren zufolge war jedoch der Finanzminister Clavière jüdisch[71], und mit Sicherheit auch die beiden Preußen, die eine große Rolle in der Revolution gespielt haben.

Clavière, der 1782 aus Genf ausgewiesen wurde, machte sein Glück an der Börse; als Mitarbeiter von Mirabeau und Brissot gab er zusammen mit Condorcet die *Chronique du mois heraus;* er schrieb auch für den *Courrier de Provence.* Clavière war Mitglied der Freimaurerei. Wenn man dem Wörterbuch Larousse glauben darf, soll er einer Freimaurerloge ein Verfahren zur Herstellung des Steins der Weisen verkauft haben, das darin bestand, ein neugeborenes Kind in einer Retorte zu kalzinieren! Larousse erzählt nicht, wie das Ergebnis in industrieller Hinsicht ausgesehen hat. Bald jedoch ermöglichte die Revolution Clavière noch erfolgreichere Geschäfte: 1792 war er im Ministerium Dumouriez für die Finanzen zuständig, wurde zusammen mit Roland entlassen und übernahm nach Dumouriez' Abreise wieder die Macht.

Clavière wurde beschuldigt, ein Agent Englands zu sein; auf jeden Fall stand er in häufigem Kontakt mit den Bankiers Boyd

---

[69] Bernard Lazare: *Antisemitismus in Frankreich.*

[70] Monin: *Die Juden von Paris.* L. Kahn: *Les Juifs de Paris pendant la Révolution (Die Juden von Paris während der Revolution).*

[71] Herr Chuquet jedoch ist gegenteiliger Meinung.

el Kerr, dem Agenten Pitts in Paris. Gleichzeitig unterhielt er eine rege Korrespondenz mit Bichoflswerder und Lucchesini, Berater des Königs von Preußen und militante Freimaurer.

Mit den Girondisten geächtet, wurde Clavière am 2. Juni 1793 verhaftet. Er war Verwalter einer Lebensversicherungsgesellschaft gewesen; die Liquidatoren verfolgten ihn: 1. „ Wegen Diebstahls von ungefähr vier Millionen, die in der Kasse fehlen. 2° Wegen des Entzugs von Aktien, deren Wert auf zwei bis drei Millionen geschätzt wird. 3° Wegen der Herstellung von Urkunden und Beschlüssen, die darauf abzielen, die Spuren dieser Entwendung verschwinden zu lassen"[72]. Da Clavière in seinem Gefängnis Selbstmord begangen hatte, wurde der Prozess unterbrochen, aber sein Bruder wurde verhaftet, als er sich anschickte, seine Ersparnisse nach Genf zu bringen (3. Frimaire, Jahr 2). Dieser Bruder war gerade in das Außenministerium eingetreten. Die Akte schweigt sich über das Ende seiner Karriere aus; es wird lediglich erwähnt, dass Madame Clavière zwei Tage nach ihrem Mann Selbstmord beging.

Die beiden Clavière-Brüder wurden in ihrem Gefängnis häufig von ihrem Glaubensbruder, dem Bankier Bidermann, besucht.[73]

Bidermann, der sich 1789 in Pari niedergelassen hatte, wurde drei Jahre später zum Schatzmeister des Außenministeriums ernannt und wählte J.-J. Clavière, den Bruder des Ministers, zu seinem Kommis. Er war der Redner einer Deputation, die von der Pariser Kommune an den Konvent gesandt wurde; kurz darauf nahm er aktiv am Aufstand vom 10. August teil. Als er während des Terrors verhaftet wird, argumentieren seine Freunde, dass Bidermann „nicht aufgehört hat, im Sinne der

---

[72] National Archives. F. 7 4649.

[73] National Archives (Nationalarchiv). W¹ 300.

Revolution zu arbeiten... Er ist Schweizer; er und seine ganze Familie wurden immer zu den eifrigsten Freunden der Französischen Revolution gezählt" [74]. Der Bericht an das Revolutionstribunal stellt fest, dass Bidermann in der Nacht vom 9. auf den 10. August den Generalrat der Kommune keinen Augenblick verlassen hatte, um „den Triumph der Freiheit vorzubereiten und die Verschwörung des Hofes zu vereiteln". Auf seinen Antrag hin ließ man den Pont-Neuf von den Kanonen räumen, die der Hof hatte aufstellen lassen, um auf das Volk zu schießen... Im November wurde er von Pache für einen der Direktoren der Kommission der Subsistenzen ausgewählt [75], wurde von Dumouriez und Custines verfolgt und war der erste, der ihren Verrat aufdeckte [76] „. In einem Brief von Frau Bidermann an den Ausschuss für öffentliche Rettung wurden auch die „unzähligen Opfer, die ihr Mann gebracht hat, um zum Erfolg der Revolution beizutragen", als diskrete Anspielung auf die Summen, die der Bankier an politische Persönlichkeiten gezahlt hatte, angeführt. Würde man, wie in einem modernen Prozess, einen Finanzier einschalten, der droht, Namen zu nennen, wäre dies nicht unwahrscheinlich. Auf jeden Fall konnte Bidermann, der am 19. Thermidor wieder auf freien Fuß gesetzt wurde, seine Finanzspekulationen in aller Ruhe wieder aufnehmen.

In jüngsten Veröffentlichungen wurde die Rolle der Brüder Frey bekannt gemacht, die ihre Schwester mit dem berühmten Chabot verheirateten und eine Zeit lang die Helfer von Jean de Batz waren[77]. Die in Mähren geborenen Brüder hießen eigentlich

---

[74] National Archives. F. 7 4598.

[75] Wir haben die antipatriotische Rolle dieser Kommission für Subsistenzen in der Geschichte von General Dumouriez (ein Band bei Perrin 1913) dargelegt. Persönlich scheint Bidermann jedoch keine Unterschlagung begangen zu haben.

[76] National Archives. F 7 4598.

[77] Lenôtre: *Le Baron de Batz*, S. 45 ff. Baron de Batz: *Das Leben und die*

Dobruska; einer von ihnen nahm den Namen Schœnfeld an, als er zum Christentum konvertierte. Laut dem Bericht der Kommissare, die mit der Chabot-Affäre betraut waren, gab es zwei Freys in Paris, drei in Österreich und eine Schwester, die von einem deutschen Baron unterhalten wurde. Aus dem Bericht geht nicht hervor, ob es diese Schwester war, die später zu Madame Chabot wurde. „Diese listigen und gefährlichen Intriganten schleichen sich mit Personen ein, die einen großen Ruf und Popularität genießen, und hoffen, durch ihren falschen Patriotismus ihr Vertrauen zu verdienen und an die ersten Plätze der Republik zu gelangen"[78].

Man kann sich fragen, warum die Freys, die in Deutschland ein sehr schönes Vermögen genossen, da ihr Land auf zwei Millionen geschätzt wurde, sich in den revolutionären Sturm stürzen. Das Bulletin des Gerichts antwortet: „Die Freys, Geheimagenten der ausländischen Mächte, deren Korruptionsarbeiten sie leiten, usw.".

Emmanuel und Moses Frey waren in der Tat Spione der österreichischen Regierung und leisteten genug Dienste, um beide den Titel eines Barons zu erhalten[79]. Der berühmte Baron de Trenck erzählte, dass der älteste Sohn der Freys nach Wien gekommen war, um mit der Schönheit seiner beiden Schwestern zu handeln, die sehr hübsch waren und so viel Aufsehen erregten, dass die österreichische Regierung sie auswies. Trenck kannte diese Person sehr gut und wusste, dass sie von den Kaisern Joseph und Leopold als Spion eingesetzt wurde[80]. Herr A. Mathiez glaubt, dass er mit der Freimaurerei und Weishaupts

---

Verschwörungen von J. de Batz.

[78] Nationalarchiv, W. 342.648. L. Kahn: *Les Juifs à Paris pendant la Révolution (Die Juden in Paris während der Revolution).*

[79] Blätter zur Geschichte, 1er Januar 1914. Artikel von M. P. Bart.

[80] Sammlung von Tuetey. Bd. X[1], S. 235.

Illuminaten in Verbindung steht.

Die Brüder Frey, die in enger Beziehung zu Ephraim standen, waren höchstwahrscheinlich ebenfalls bei der preußischen Regierung angestellt.

Nach seiner Ankunft in Frankreich verwandelte sich Moses in Junius Frey. Er und sein Bruder wurden in den Jakobinerklub von Straßburg aufgenommen, dann in den von Paris (Juni 1791) und ließen sich in der Rue d'Anjou 19 nieder. Die beiden Brüder veranstalten ausgezeichnete Abendessen, zu deren Stammgästen Chabot, Lebrun Tondu, Fabre d'Églantine, Éphraïm, Ronsin, Prohly, Pereyra und Desfieux gehören.

Als Mitglieder des Aufstandskomitees zahlten die Freys beträchtliche Summen für den Unterhalt der kosmopolitischen Banden, die die Tage des 20. Juni und des 10. August bestritten[81]. Sie nahmen an dem letztgenannten Aufstand teil und wurden dabei leicht verletzt. Dieser Ruhm sollte sie jedoch nicht davon abhalten, später verhaftet zu werden. Nach dem Fall der Monarchie schienen die Freys in den Dienst der Konterrevolutionäre zu treten und wurden Agenten von Jean de Batz.[82]

Auf ihre Anstiftung hin erschossen Chabot und seine Freunde die Girondisten, aber bald darauf wurden auch die Freys zusammen mit Chabot, dessen Schwester sie zur Frau gemacht hatten, verhaftet. Man warf ihnen vor, „monatlich zwei- bis dreitausend Francs für ihren Tisch auszugeben, während das Volk an den Türen der Bäckereien zusammenbricht, um ein Stück Brot zu bekommen[83] „. Was noch schlimmer war und was man sich nicht traute, zu laut zu erzählen, war die Verteilung von

---

[81] Sybel: *Geschichte Europas,* I, S. 397.

[82] National Archives, F. 7 4774. 67.

[83] Nationalarchiv, F. 7 4637.

Bestechungsgeldern im Konvent. An einem Tag zum Beispiel vertrauten die Freys mit der Komplizenschaft von Delaunay und Julien (aus Toulouse) Chabot 150.000 Livres an, um eine finanzielle Panik zu verursachen. An einem anderen Tag, als Fabre d'Églantine die Indiengesellschaft heftig angriff, wurde Chabot beauftragt, ihm 100.000 Pfund zu übergeben, um ihn zum Schweigen zu bringen. Er behält das Geld und behauptet, es Fabre übergeben zu haben[84].

Im Verhör von Diederichsen, dem Faktotum der Brüder Frey, fällt die folgende Frage auf: „Hat Junius Frey nicht häufig Konferenzen mit dem Kaiser von Österreich gehalten?" Diederichsen antwortet: „Ich habe von diesen Konferenzen Kenntnis gehabt, ohne den Gegenstand zu kennen".

Junius und Emmanuel Frey wurden zusammen mit Chabot guillotiniert.

Unter den Stammgästen der Abendessen der Brüder Frey haben wir drei Namen genannt, die in der Geschichte der Revolution häufig vorkommen:. Pereyra, Proly und Desfieux. Graf Proly ist ein unehelicher Sohn des österreichischen Ministers Kaunitz; Pereyra (Juda de Jacob), ein portugiesischer Jude, ist Tabakhändler in der Rue Saint-Honoré[85] ; Desfieux ist Weinhändler aus Bordeaux. Durch welchen Zufall trifft man sie immer zusammen und speist bei Madame de Ste Amaranthe, spekuliert an der Börse mit Aktien des Roten Meeres, ist Mitglied des Aufstandskomitees der Pariser Kommune und Delegierter des Jakobinerklubs in der Armee von Dumouriez[86]. Pereyra, Mitglied des Klubs von St-Roch und Beisitzer des Friedensrichters des Viertels, war mit Cloots, Hébert, Hérault de Séchelles und Ronsin verbunden; er nahm an allen Aufständen

---

[84] Hamel: *Histoire de Robespierre*, Bd. III, S. 303.

[85] Er hatte zunächst als Juwelier in Bordeaux gearbeitet.

[86] National Archives. T. 1684.

teil, ließ Kellermann aus dem Jakobinerklub streichen und forderte eine Verfolgung gegen ihn. Er nahm am Sturz der Girondisten teil, arbeitete an der Errichtung eines Triumvirats aus Robespierre, Danton und Marat und wechselte nach dem Tod Ludwigs XVI. in den Dienst der Konterrevolutionäre. An der Spitze der Liste der Geheimagenten finden sich de Batz, Pereyra, Proly, Desfieux.[87]

Pereyra hatte zu diesem Zeitpunkt zwei Wohnsitze, 55 und 105 rue St-Denis; von Barbaroux und später von Robespierre als Mitglied eines ausländischen Komitees denunziert, wurde Pereyra während der Schreckensherrschaft verhaftet und guillotiniert. Das Attestprotokoll berichtet, dass wir, nachdem wir „eine große Anzahl unnötiger Papiere herausgeschnitten hatten, den Überschuss in einen Korb gepresst und diesen versiegelt hatten"[88]. Es folgt eine Aufzählung von 96 Briefen in englischer Sprache, 92 Schriftstücken in englischer Sprache, 73 Schriftstücken in englischer Sprache, 68 in gleicher Sprache usw. Es ist bedauerlich, dass diese Papiere verschwunden sind; man würde darin zweifellos Beweise dafür finden, wie die englische Regierung auf Pereyra und seine Freunde eingewirkt hat.

Neben diesen bekannten Figuren spielte eine große Anzahl von Israeliten eine bescheidene Rolle in der Revolution. Isaïe Spire ist für die Verpflegung der Truppen zuständig. Cerf Beer, ein Bankier aus dem Faubourg Montmartre, war Armeelieferant und Geschworener im Kriminalgericht. Der deutsche Isaac Calmer, Millionär in Holzschuhen und Vorsitzender des revolutionären Clubs in Clichy, fiel durch seine Gewalttätigkeit auf, während sein Bruder Benjamin Calmer, ein Börsenmakler, Royalist blieb; auf diese Weise hatte die Familie Unterstützung in allen Parteien. Trotz des Verdachts auf seinen Patriotismus wurde Benjamin Calmer zum Kommissar für die Liquidation der

---

[87] National Archives. F. 7 4774.

[88] National Archives. T. 1658.

Güter von Philippe Égalité ernannt. Wahrscheinlich ist er es, der in den Akten der Kommune als „Calmer seigneur de la terre d'Ailly" bezeichnet wird. Isaac Calmer hatte vergessen, die Lilien auf den Kaminen seines Schlosses in Clichy-la-Garenne abzukratzen und wurde von den Familien mehrerer seiner Opfer denunziert. Die beiden Brüder wurden am Ende der Schreckensherrschaft guillotiniert.[89]

Der Deutsche Heymen ist Beisitzer eines Friedensrichters in Paris. Isaïe Beer Bing, Autor eines Bandes über die Juden, ist eng mit Ephraim verbunden und verkehrt mit ihm in revolutionären Kreisen. Er ist ein Freund von Lafayette, Grégoire, Rœderer und Emmery.

Hazan ist Mitglied des allgemeinen Aufsichtskomitees. D'Acosta befehligt eine Kompanie der Nationalgarde. Rosenthal befehligt die Legion, die für die Bewachung des Tempels zuständig ist. Calman ist Kommissar des Bezirks der Kleinen Väter. Der Genfer Kermer ist Mitglied des Tuilerien-Clubs. Der Däne Diederichsen ist der Vertrauensmann der Freys. Die Bankiers Boyd und Kerr sind Geheimagenten von Pitt in Paris[90]. Z. Hourwitz, in Litauen geboren, Hausierer in Berlin und Paris, dann Konservator der Manuskripte in der Bibliothek des Königs zu Beginn der Revolution, schreibt in fortschrittlichen Zeitungen und spendet ein Viertel seines Einkommens als patriotische Abgabe. Unter dem Kaiserreich findet man ihn als Professor für Fremdsprachen wieder. Mayer, der mehr mit Spekulationen als mit Politik beschäftigt war, gab angeblich 300.000 Livres für ein einziges Abendessen aus, das nach dem 9. Thermidor zehn Ministern und Abgeordneten angeboten wurde.[91]

---

[89] L. Kahn: *Die Juden in Paris.*

[90] National Archives. W 389 Nr. 904.

[91] Schmidt: *Tableau de la Révolution Française (Bild der Französischen Revolution).*

Im Revolutionskomitee waren Jacob Reis, Léon Azur, Fould, Weisweiler usw. zu finden.

Die Israeliten von Paris bildeten eine Vereinigung, deren Führer eine Adresse an die Verfassungsgebende Versammlung unterzeichneten[92]. Aus diesem Schriftstück erfahren wir, dass der Präsident Godschmit (vielleicht war Goldschmidt gemeint) war, der Vizepräsident Lagouna; Weil und Benjamin Fernandez bezeichneten sich als Wähler; Lévi, Jacob, Pereyra, Trenelle, Elie, Weil, Delcampo und Brandon waren Abgeordnete.

Eine weitere Petition, die von Mardochée (Abgeordneter) und Silveyra (Agent) unterzeichnet ist, beschreibt die Ungerechtigkeit, der die Juden in Paris ausgesetzt sind: Sie werden angeblich schlechter behandelt als ihre ausländischen Glaubensgenossen. Dabei sind sie alle „von derselben Familie, Nachkommen Jakobs, des Sohnes Isaaks"[93].

Die Revolutionäre verstanden die Brüderlichkeit gegenüber ihren Verbündeten, den Israeliten, übrigens wie folgt: Der Erlass vom 16. Messidor, Jahr II, verbietet den Juden unter Todesstrafe, der Armee zu folgen[94]. Die Zeitung *Le Propagateur*[95] beklagte sich, dass seit der Revolution der Franzose „jeden Tag mit einem Juden zu tun hat, ohne sich davor zu warnen, dass er nicht mit einem Menschen, sondern mit einem Feind zu tun hat".

Eine geheimnisvolle Person namens Falc spielt in den Geheimgesellschaften des späten 18. Jahrhunderts eine gewisse Rolle[e]. Er wird manchmal als Oberrabbiner bezeichnet. Savalette de Langes nennt ihn in seiner Korrespondenz einfach Dr. Falc.

---

[92] Actes de la Commune de Paris, veröffentlicht von S. Lacroix, V. VII, S. 554.

[93] Actes de la Commune de Paris, 2e série, t. IV, Mai 1791.

[94] Der Erlass ist mit Laurent représentant du peuple près de l'armée du Nord unterzeichnet.

[95] 17 Brumaire an VIII.

Er war deutscher Abstammung und lebte hauptsächlich in London. Er sagte Philippe Égalité den Thron voraus.[96]

Zusammenfassend lässt sich sagen, dass eine sehr kleine Gruppe von Israeliten sich schnell eine Position erarbeitete und in der Revolution eine wichtige Rolle spielte; die Juden Frankreichs blieben jedoch unbemerkt. Diejenigen, die ihre Glaubensbrüder anführten, waren am Ende der Herrschaft Ludwigs XVI. aus dem Ausland gekommen.

Anders als man vermuten könnte, wurden Börsenspekulationen in der Revolutionszeit vor allem von Protestanten betrieben.

Die Juden eigneten sich vor allem die Möbel der Schlösser und die Schätze der Kirchen an und wurden durch Wucherdarlehen zu Herren über Grundbesitz.[97]

---

[96] P. Moniquet: *La France en péril* (*Frankreich in Gefahr*).

[97] Capefigue: *Histoire des grandes opérations financières (Geschichte der großen Finanzgeschäfte)*. E. Drumont: *La France Juive*, T. I, S. 305.

KAPITEL IV

DIE PROTESTANTEN

Die jüdisch-freimaurerische Koalition fand unter den Protestanten eine so beträchtliche Unterstützung, dass Herr Sourdat einen Band geschrieben hat, um festzustellen, dass „die wahren Urheber der Revolution die Protestanten sind"[98]. Das ist eine offensichtliche Übertreibung; aber die Protestanten gaben den Freimaurern eine kontinuierliche Unterstützung. „Einer der Hauptgründer der modernen Freimaurerei war J. Th. Désaguliers, Sohn eines protestantischen Pfarrers, den die Aufhebung des Edikts von Nantes zwang, Frankreich zu verlassen"[99]. J. Th. Désaguliers, der sich in London niedergelassen hatte, war ein Freund und Mitarbeiter Newtons und wurde mit 36 Jahren der dritte Großmeister der Großen Loge von England (1719).

Da die Freimaurerei insgeheim den Katholizismus angriff, musste sie die Sympathien der Protestanten auf ihrer Seite haben. Die Protestanten hatten im Allgemeinen kein gutes Haar an der französischen Monarchie gelassen und waren daher zu verschiedenen Zeiten in allen Verschwörungen zu finden. Die Folge war eine Verdoppelung der Härte, die dazu führte, dass

---

[98] Sourdat: *Les véritables auteurs de La Révolution (Die wahren Autoren der Revolution).*

[99] Bericht *über die Sitzungen des Internationalen Freimaurerkongresses von 1889*, S. 36 (Bericht von F Amiable).

politische Verfolgungen auf die Intoleranz der Katholiken zurückgeführt wurden.

Lange nach Colignys Machenschaften mit England gegen den französischen König[100], organisierte der Herzog von Bayern in Deutschland „auf Wunsch der französischen Protestanten einen wahren Hugenottenkreuzzug" [101] und bereitete die Invasion unseres Landes im Jahr 1587 vor. Unter Ludwig XIII. bat Guiton, der protestantische Bürgermeister von La Rochelle, die Engländer um Hilfe gegen den König[102]. Später schmiedeten die Hugenotten Intrigen mit den Spaniern. Es gibt also mildernde Umstände für die Verfolgungen, die von unserer Monarchie gegen sie gerichtet wurden.

Franklin berichtet über die englischen Machenschaften in den Cevennen, um mit Hilfe der Protestanten eine unabhängige Provinz unter britischem Protektorat zu schaffen.

Die Unruhen in Nîmes im Jahr 1790 wurden von den Protestanten verursacht, die die Kapuziner massakrierten.

Nach der beklagenswerten Aufhebung des Edikts von Nantes richteten sich die Augen der französischen Protestanten auf England und die Schweiz: In Genf gab es Ende des 18. Jahrhunderts eine Gruppe intelligenter und tatkräftiger Männer, deren Einfluss auf ganz Europa ausstrahlte. Diese Protestanten waren gleichzeitig die ersten Finanziers der Welt. Dies erklärt die Ernennung Neckers zum Finanzminister.

Es ist nicht leicht, sich eine Meinung über diese Person zu

---

[100] Siehe E. Renauld: *Le péril protestant*, S. 33 ff.

[101] Baguenault de Puchesse: *Das Scheitern der deutschen Invasion im Jahr 1587*. (Korrespondent vom 25. November 1914).

[102] Charles MAURRAS: *Religionspolitik.*

bilden, über die viel Gutes und viel Schlechtes gesagt wurde.

Laut Ginguené[103] (Mitglied des Instituts) hasste Necker „als Republikaner geboren die Könige... als Protestant geboren hatte er immer den geheimen Wunsch, den Klerus zu verlieren und die katholische Religion zu diskreditieren". Sein Landsmann Clavière schrieb an Isaac Cornuaud: „Necker hat viel mehr Oberfläche als Tiefe. Ich spreche ihm das Herz eines rechtschaffenen und menschenfreundlichen Mannes ab.".[104]

Aber Clavière war nicht unumstritten. Napoleon Ier empfing Baron A. de Staël, den Enkel Neckers, und erklärte ihm: „... Ihr Großvater hat die Monarchie gestürzt; er hat den König zum Schafott geführt"[105].

Im Gegensatz dazu fand Necker nicht nur in seiner Familie, sondern auch unter Schriftstellern der unterschiedlichsten Meinungen talentierte Fürsprecher. Er führte einige nützliche Reformen durch, unter anderem die Reform des Krankenhauswesens.

Gemäß der Beobachtung des Marquis de Ségur[106] war „von dem Tag an, an dem Ludwig XVI. das von Necker erfundene geniale Heilmittel (die Generalstände) akzeptierte, die Revolution nur noch eine Frage der Zeit." Doch als er die Revolution vorbereitete, dachte er zweifellos nicht daran, Ludwig XVI. und Marie Antoinette auf das Schafott zu schicken. Wie viele Konstitutionelle glaubte er nicht, dass die Eroberung der Freiheit und die Beseitigung von Missbräuchen Massaker

---

[103] Guinguené. *Necker*, 1796.

[104] Memoiren von Isaac Cornuaud, die kürzlich von Miss Cherbuliez veröffentlicht wurden.

[105] Werke des Barons de STAËL.

[106] *The Couchant of the Monarchy*. T. II, S. 377.

und das Revolutionstribunal zur Folge haben müssten.

Necker", so Ch. Dupuy, „war ein Grübler, aber kein Revolutionär. Seine Schützlinge, die aus Genf kamen, hatten weniger Skrupel und mehr Kühnheit[107]."

Vergennes, der ihn ebenfalls einen ruhelosen Grübler nannte, schilderte dem König die Befürchtungen des Klerus, seinen natürlichen Feind an der Spitze der Finanzen zu sehen. Er berichtet über „das Lob, das man ihm in einem Teil des britischen Parlaments gibt, dessen Fraktionen sich alle versammeln, wenn es darum geht, uns zu hassen und uns zu schaden"[108].

Wie alle Schweizer stand Necker tatsächlich unter englischem Einfluss; er hatte seine Tochter (Frau de Staël) beinahe mit William Pitt verheiratet. Burke sagte im Unterhaus: „Herr Necker ist unser bester Freund auf dem Kontinent". ᵉDie Familie Necker, die sich Anfang des 18. Jahrhunderts in Genf niedergelassen hatte, war irischer Abstammung und hatte viele Beziehungen zu England aufrechterhalten.

Eine schwere Anschuldigung gegen Necker findet sich in Garran de Coulons Bericht an den Forschungsausschuss über die Hungersnot von 1789: Necker habe Bertier geschrieben, er solle den Roggen vor der Ernte schneiden lassen, um die Hungersnot zu verschärfen. Bertier führte den Befehl nicht aus und wurde dennoch als Akkapareur massakriert.[109]

Wir wissen nicht, auf welche Beweise sich Garran de Coulon stützte. Mirabeau schrieb an Mauvillon[110]: „Necker spürt sehr

---

[107] Ludwig XVI. und die Genueser Verschwörung. *Le Soleil,* 10-August 1918.

[108] Marquis de Ségur: *Le couchant de la monarchie,* II, S. 413.

[109] *Bericht von Garran de Coulon,* S. 48. Bord. *Der Sturm auf die Bastille,* S. 33.

[110] *Mirabeaus Memoiren,* T. VIII, S. 20.

wohl, dass seine Herrschaft am Tag der Wiederherstellung der Ordnung vorbei sein wird", und er sagte über Necker zu Braunschweig: „Dieser mittelmäßige Finanzier würde eher zehn Reiche verlieren, als seine Selbstachtung zu gefährden." Nur Mirabeau war der Feind des Ministers.

Besser belegt scheint die Beteiligung von Neckers Familie an den Unruhen von 1789 zu sein: Sein Schwiegersohn, Baron de Staël Holstein, verkehrte unter dem Vorwand, sich zu informieren, in den exaltiertesten Kreisen und setzte die Verschwörer darüber in Kenntnis, was im Rat des Königs vor sich ging.[111]

Als die revolutionäre Partei triumphierte, führte Herr de Staël im Namen der protestantischen Höfe häufige Verhandlungen mit dem Komitee der öffentlichen Rettung. Am 6. Dezember 1793 übergab Soulavie Robespierre die Bedingungen, die die protestantischen Staaten des Nordens an die Anerkennung der Revolutionsregierung stellten. Eine der wichtigsten war die Ersetzung des Katholizismus durch den Protestantismus in Frankreich. Laut Ch. Dupuy stimmte Robespierre im Prinzip zu. Die Frage blieb lange offen; später war das Konkordat, das die Hoffnungen der Protestanten vereitelte, der eigentliche Grund für Mme de Staëls Animosität gegen Napoleon I.[er112]

Wenn man Léouzon Le Duc[113] glauben darf, war Baron de Staël Holstein konstitutionell; es war seine Frau, die ihn in Richtung der Jakobinerpartei drängte; auf jeden Fall widersetzte er sich den Plänen des schwedischen Königs gegen die Revolution. Er war 1789 der Meinung, dass „der französischen Nation die für ein freies Volk notwendigen Eigenschaften fehlen." Daraus könnte man schließen, dass Staël nicht für die

---

[111] G. Bord: *Die revolutionäre Verschwörung von 1789*, S. 37.

[112] Ch. Dupuy, *Louis XVI. und die Gènevoise-Verschwörung.*

[113] *Vorwort zur diplomatischen Korrespondenz des Barons de Staël Holstein.*

Freiheit, sondern für das Profil der internationalen Verschwörung gegen Frankreich arbeitete. Jacquet de la Douay, Staatsanwalt des Königs im Fürstentum Dombes, beschuldigte Frau de Staël des Verrats an der Königin[114] und berichtete von der Verwunderung der Hofdamen, die Frau de Staël zu Marie-Antoinette schickten.

Andererseits wird versichert, dass sie später mit Narbonne ein Komplott schmiedete, um den König und die Königin zu retten, indem sie ein Land in der Nähe von Dieppe kaufte und die königliche Familie verkleidet dorthin führte[115].

Louis Necker, der Bruder des Ministers, gehörte der Loge Les Amis Réunis an, deren revolutionäre und internationale Rolle wir bereits erläutert haben. Schließlich war sein Schwager Germain Mitglied des Propagandaklubs, der das Massaker an den Leibgarden organisierte[116]: Der Graf von Vaudreuil wiederholte ein Wort von Marie-Antoinette nach dem Sturm auf die Bastille: „Sie hatten Recht", sagte sie zu ihm, „Necker ist ein Verräter; wir sind verloren[117]." Diese Meinung der Königin scheint nicht allgemein geteilt worden zu sein; aber Necker war ein wahrscheinlich unbewusstes Werkzeug der revolutionären Verschwörung. Er erfreute sich immenser Beliebtheit, solange er für die Pläne des internationalen Syndikats als nützlich erachtet wurde, aber fünfzehn Monate nach seiner triumphalen Rückkehr reichte er seinen Rücktritt ein, ohne dass jemand daran dachte, ihn zurückzuhalten.[118]

Wenn es stimmt, dass Fersen die Meinung Gustavs III. über

---

[114] F. Descotes. *Die Französische Revolution aus der Sicht des Auslands.*

[115] E. Welwert. *Rund um eine Hofdame.*

[116] Dasté. *Marie Antoinette und der Terror.*

[117] Korrespondenz von Vaudreuil mit dem Grafen von Artois. Einleitung.

[118] Bardoux. *Pauline de Beaumont*, S. 148.

Neckers Schuld teilte [119], versichert Baron de Frénilly im Gegenteil, dass dieser Minister sich bemühte, den Strom zu stoppen, dessen Damm er geöffnet hatte.[120]

Im Gegensatz dazu behauptete Herr Gustave Bord, dass die Freimaurerei Necker den Auftrag erteilt hatte, die Revolution vorzubereiten. Doch wie die meisten Freimaurer wusste er wahrscheinlich nichts von den Plänen der Sekte, und er mag ausgezeichnete Absichten gehabt haben.

Mallet du Pan urteilte schließlich über Necker: „Er scheint mir einer der Männer zu sein, die dieser Monarchie am meisten geschadet haben, und die Gerechtigkeit verpflichtet mich ihm gegenüber nur dazu, seine Absichten nicht zu vermuten und seine Verdienste als Finanzverwalter zu würdigen...".

Indem er den Ideen des Volkes schmeichelte, übertrieb Herr Necker sie alle... Aus einem elenden Sparmotiv heraus widersetzte er sich, die Generalstaaten in die Ferne zu verlegen, und setzte sie in Versailles fest...[121] „.

Zwei Monate später schrieb Mallet du Pan erneut an Mounier: „Ich habe auf Neckers Konto positive Informationen erhalten, die mir nicht erlauben, daran zu zweifeln, dass er die Revolution ungefähr in dem Umfang wollte, den man ihr gegeben hat[122]."

Aber diese Zeilen, die Ende 1790 abgeschickt wurden, wären sicherlich nicht nach den Ereignissen von 1793 geschrieben worden; es ist wichtig, dies zu bemerken. -

---

[119] Lady Blennerhasset. *Mme de Staël et son temps,* T. II, S. 26 und 28.

[120] *Souvenirs du Baron de Frénilly*, S. 129.

[121] *Brief an Mounier.* 14. Oktober 1790.

[122] 4. Dezember 1790.

Das Edikt vom 28. November 1789 gab den Protestanten das Recht, ihren Zivilstand (Geburt, Heirat und Tod) feststellen zu lassen, ohne ihren Glauben verschleiern zu müssen; ein Dekret vom 24. Dezember 1789 stellte ihnen alle ihre bürgerlichen Rechte wieder her und erklärte sie für alle Ämter für zulässig. Sie hatten also keine ernsthaften Gründe mehr, die Monarchie zu bekämpfen; aber es war ihnen zweifellos recht, sich an den Katholiken für die langen Kränkungen, die sie erlitten hatten, zu rächen.

Mirabeaus Parole „Frankreich muss entkatholisiert werden" kam nicht nur von den Freimaurerlogen, sondern aller Wahrscheinlichkeit nach auch von den Protestanten in Genua, und die Religionsfrage war unbestreitbar der wahre Grund für den Krieg in der Vendée und der Bretagne. Die Bevölkerung des Westens hätte die Republik ohne die Verfolgung ihrer Priester durchaus akzeptiert.

Es war die Zivilverfassung des Klerus, die Ludwig XVI. mit den Revolutionären entzweit hatte. Dieser liberale Herrscher, der gute Absichten hatte, stimmte allen von der öffentlichen Meinung geforderten Reformen zu, war aber tief religiös; von dem Tag an, an dem die Reformer die inserierten Priester ächten wollten, wandte sich Ludwig XVI. den Konterrevolutionären zu. Nun wurde diese antiklerikale Bewegung von den Protestanten unterstützt.

Mirabeau ist es größtenteils zu verdanken, dass die Güter des Klerus eingezogen wurden; er gehorchte den Anweisungen seines Genfer Komitees.

Die englische Presse führte zur gleichen Zeit eine antikatholische Kampagne. Barthélemy schickte aus London Artikel, in denen die Schwierigkeit dargelegt wurde, die Freiheit in Frankreich zu errichten, ohne das Papsttum durch den

Protestantismus zu ersetzen[123]. „Die protestantische Partei", so hieß es weiter, „hat viele Anhänger in der Nationalversammlung[124]."

Bis 1790 stieg die Zahl der Tempel und pas leurs dank der aus Genf und Holland erhaltenen Gelder rasch an[125]. Das Bündnis der Protestanten mit den Freimaurern ermöglichte es ihnen, während der Schreckensherrschaft ihren Gottesdienst weiter auszuüben, während die katholischen Priester inhaftiert und guillotiniert wurden.[126]

Ein Pastor, Rabaul St-Etienne, der in Genf und Lausanne studiert hatte, wurde im März 1790 zum Präsidenten der Nationalversammlung ernannt. Er erklärte damals gegenüber Mrs. Stuart: „In weniger als zwei Jahren wird unsere Religion allgemein vorherrschen." Rabaul war der Hauptverantwortliche für die Unruhen in Nîmes.

Viele seiner Glaubensbrüder spielten wie er eine wichtige Rolle in der Revolution: Boissy d'Anglas, Jay, Cavaignac, Billaud-Varennes, Alquier, Julien (von Toulouse), Collot d'Herbais, Bernard, Lombard Lachaux, Jean Bon St-André, Dentzel, Grimmer etc. Zehn Pastoren saßen im Konvent.[127]

Die Rolle, die der Protestant Barnave spielte, ist allgemein

---

[123] Laut M. Bonald „fragt man nur nach den politischen Gesetzen Englands, um auf die anglikanische Religion zu kommen" (*Considerations on the Revolution*, S. 74).

[124] Archiv für auswärtige Angelegenheiten. London, v. 570.

[125] Durand. *Geschichte des Protestantismus.*

[126] Aulard: *Études et leçons sur la Révolution (Studien und Lektionen über die Revolution).*

[127] Ernest Renauld. *Die protestantische Gefahr.* Aulard. *Histoire politique de la Révolution,* S. 321.

bekannt.

Moyse Bayle, dessen Vorname eine semitische Herkunft vermuten ließe, gehörte der protestantischen Religion an; er wurde in Genf geboren und war Abgeordneter von Marseille, Präsident des Konvents und von September 1793 bis September 1794 Mitglied des Komitees für allgemeine Sicherheit. Moyse Bayle wurde im folgenden Jahr verhaftet, amnestiert und trat in den Polizeidienst ein.

Ausländische Protestanten spielen in der Revolution eine noch wichtigere Rolle als ihre französischen Glaubensbrüder.

Da die Protestanten in Genua das Finanzwesen anführten, mussten sie wie die Israeliten zwangsläufig von den durch die Revolution verursachten Börsenbewegungen profitieren.

Es wird allgemein angenommen, dass die Spekulation an der Börse erst vor kurzem entstanden ist. Unter Ludwig XVI. wurde nur mit vier oder fünf Wertpapieren spekuliert, dem Wasser von Paris, Versicherungen, Aktien des Roten Meeres usw., aber ihre Unterschiede waren deutlich genug, um die Geschäfte interessant zu machen. Während der Revolution wurde auch viel mit Grundstücken und allen Arten von Lebensmitteln gespielt. Bidermann war vor allem mit Getreidespekulationen erfolgreich. Welche Gewinne wurden nicht auch beim Geldwechsel erzielt! Tausend Francs Gold waren zu bestimmten Zeiten fünfundzwanzigtausend Francs in Assignaten wert, um dann einige Tage später nur noch fünftausend zu repräsentieren. Lefebvre d'Acy schrieb am 7. Februar 1792: „Das Silber ist bei 55%"; am 10. März darauf: „Das Silber ist bei 80%"[128].

An einem Tag ist der Louis um 11 Uhr 200 Pfund wert, um

---

[128] P. de Vaissière. *Brief von Aristokraten.*

12 Uhr 250 und dann 500[129]. Am 14. Oktober 1795 stieg er auf 1255 Pfund.

Was die Aktien der Indiengesellschaft betrifft, so fielen sie innerhalb von achtundvierzig Stunden um die Hälfte. Die Aktien der Feuerpumpen stiegen in derselben Woche von 1.200 Franken auf 4.200 Franken.[130]

Diese Schwankungen führten manchmal zu unvorhergesehenen Ergebnissen: So fiel am 9. Januar 1793 ein Hagel von Stockschlägen auf den Rücken der Börsenmakler, weil der Rückgang zu stark war. Das Geständnis von Chabot bei seinem Prozess belegt, dass die okkulte Macht, die die Ereignisse lenkte, manchmal einigen Mitgliedern des Konvents große Summen anbot, um Vorschläge zu machen, die eine finanzielle Panik auslösen konnten. Das ausländische Syndikat, das den Sturm auf die Bastille, die Verurteilung Ludwigs XVI. usw. im Voraus angekündigt hatte, konnte also eine prächtige Differenz erzielen, indem es mit Sicherheit auf fallende Kurse setzte. So sah man große Vermögen auf den Ruinen Frankreichs entstehen. Die *Nouvelles politiques* konnten sich daher (am 26. Februar 1795) fragen: „Wäre die Revolution nur eine Spekulation von Bankiers gewesen?".

An der Spitze der Hochfinanz standen die Genuesen.

---

[129] Louis Blanc. *Histoire de la Révolution*, XII S. 116.

[130] D'Escherny. *Tableau historique de la Révolution (Historisches Bild der Revolution).*

KAPITEL V

DIE SCHWEIZER

Auf den ersten Blick scheinen die Ereignisse, die sich von 1789 bis 1794 in Frankreich abspielten, von Schweizern gelenkt worden zu sein. Tatsächlich wurde Rousseau oft als Vater der Revolution bezeichnet; Necker bereitete sie vor; Genfer besetzten 1793 das Finanzministerium, das Kriegsministerium, das Pariser Rathaus und eine Vielzahl von Posten; der Terror wurde von dem Schweizer Marat organisiert.

Eine große, sehr französische Figur beherrscht zwar die Anfänge der Revolution, nämlich Mirabeau; doch ist er nur das Instrument eines Genfer Syndikats, das seine Reden hält. Dieses Syndikat besteht aus Etienne Dumont, Duroveray, Clavière und dem Pastor Salomon Reybaz[131], zu denen sich manchmal der Finanzier Panchaud gesellt.

Rivarol verglich Mirabeaus Kopf mit einem großen Schwamm, der mit den Ideen anderer aufgebläht war. Es wäre jedoch absurd zu behaupten, dass Mirabeau nicht genügend eigene Ideen hatte und nicht in der Lage war, seine Reden zu halten; wenn er also von den Genfer bevormundet wurde, gibt es für diese Tatsache eine unbekannte Ursache: Vielleicht war

---

[131] Siehe in der Bibliothek von Genf den Fonds Reybaz. (Manuskripte). Dort befinden sich unter anderem 59 Briefe von Mirabeau an Reybaz.

Mirabeau an Verpflichtungen gebunden, die er in den Freimaurerlogen eingegangen war, und empfing die Parole von Genf, während andere Personen sie in London aufnahmen. Vielleicht handelte es sich prosaisch um eine finanzielle Frage: Mirabeau nahm häufig Kredite bei den Schweizer Bankiers Jeanneret und Schweitzer auf; da er immer knapp bei Kasse war, hielten ihn die Genfer auf diese Weise noch in der Hand. Als Mirabeau mit dem Hof verhandelte, zahlte er Schweitzer teilweise zurück, der darüber sehr überrascht war.[132]

Durch einen eigenartigen Widerspruch scheint die französische Monarchie von den Schweizern gestürzt worden zu sein, während die treuesten Verteidiger des Königs, die Schweizer, zu seiner Verteidigung niedergemetzelt werden.

Doch die Genfer Gewerkschaft stellte eine turbulente Minderheit dar, der Necker, Mallet du Pan und die gemäßigten Geister ihres Landes völlig feindlich gesinnt waren. Wir erinnern uns an die revolutionäre Bewegung, die 1782 in Genf ausbrach. Der Minister Vergennes, dessen hohe Intelligenz nicht immer genug bewundert wurde, schrieb damals: „Ich studiere die Streitigkeiten der Revolutionäre in Genf, denn es ist zu befürchten, dass ihre Schriften den Fanatismus, von dem sie erfüllt sind, nach außen tragen." Es war in der Tat, so beobachtete Mallet du Pan, die Französische Revolution, die sich 1782 in Genf anbahnte.[133]

Nach den Unruhen dieser Zeit wurde in Paris von Castella ein helvetischer Klub gegründet; Dr. Kolly war dessen Sekretär. So wird dieser Club von einem Schweizer Beamten, Muller[134],

---

[132] A. Stern. *Leben von Mirabeau.*

[133] *Mémoires de Mallet du Pan,* Kap. 1 und 3. Sorel. *L'Europe et la Révolution Française,* S. 141 und 142.

[134] *Brief von Barthélémy.* Archiv für auswärtige Angelegenheiten. Schweiz, v. 428.

beurteilt: „Diese schändliche Gesellschaft bestand aus Galeerensträflingen, Banditen und anderen Schurken einer Nation, deren Name entehrt wurde... Die Kantone beschlossen, die Auslieferung dieser Übeltäter zu fordern, aber unsere lieben Verbündeten, anstelle uns gemäß den Verträgen zu entsprechen, fuhren fort, diese unwürdige Truppe zu schützen." Castella war in der Tat in der Schweiz zum Vierteilen verurteilt worden. Marat, Duport und Menou ließen sich dem Schweizer Klub anschließen. Sillery und Barnave versprachen ihm ihren Schutz. Er hatte seinen Sitz in der Rue du Regard, der Rue Ste-Marguerite, der Rue du Sépulcre und in einem Saal der Abtei von St-Germain de Prés, der vom Distrikt dieses Namens zur Verfügung gestellt wurde.

1792 wird der Club Helvétique zum Club des patriotes étrangers, der auch Club des nation étrangères amies de la Constitution genannt wird. [135]Eines seiner aktivsten Mitglieder war Dr. Doppet, der einige Savoyarden wie Dr. Dessaix, den Notar Frezier, den Staatsanwalt Souviran, den Dichter Michel Chastel, den Rechtsanwalt Turinaz, den Chirurgen Magnin, Ganem, Bussat usw. in den Verein einführte.

Die Mitglieder des Helvetischen Clubs verteilten ständig aufrührerische Broschüren an die Soldaten. Am 19. September 1790 wurde ein Dekret erlassen, um ihre Machenschaften zu unterbinden, doch sie scheinen im Geheimen weitergemacht zu haben.

Die Inspiratoren Mirabeaus gehörten einem aufgeklärteren und gebildeteren Milieu an. Was war diese Gewerkschaft im Großen und Ganzen? Die Duroveray-Akte im Nationalarchiv[136] gibt uns Antwort: Duroveray, Clavière, Étienne Dumont und Divernois wurden 1782 aus Genf verbannt, als die französischen

---

[135] Mathiez. *Die Revolution und die Ausländer,* S. 33 ff.

[136] F. 7, 6468.

und schweizerischen Armeen dort die Ordnung wiederherstellten. Clavière ließ sich in Frankreich nieder; Duroveray, Divernois und Dumont gingen nach London und brachten den Wunsch mit, sich an der französischen Nation zu rächen, so gut sie konnten. Sie setzten sich in London mit allen Personen in Verbindung, die am ehesten in der Lage waren, ihren Racheplänen zu dienen."

Duroveray, Generalstaatsanwalt in Genf, war auf Vergennes Antrag hin abgesetzt worden. „Fünfunddreißig Jahre alt", heißt es im Steckbrief der Polizei, „er sieht nicht danach aus". Er ist ein aktiver und intelligenter Mann. Am Ende der Herrschaft Ludwigs XVI. lässt er sich als Ire einbürgern. Er nimmt an den Sitzungen der Generalstände teil; einige Abgeordnete protestieren gegen die Anwesenheit „eines Pensionärs der englischen Regierung, der an den Beratungen teilnimmt und den Abgeordneten Notizen und Beobachtungen schickt [137]." - Tatsächlich bezog Duroveray eine Pension von dreihundert Louis vom englischen Ministerium. - Mirabeau erklärt, dass dieser Mann ein Märtyrer der Freiheit sei, Duroveray, dem Herr de Vergennes seine Stellung in Genf gekostet habe. „Es gab großen Beifall. Duroveray- wird von Abgeordneten umringt, die zu ihm kommen".

Nach dem 10. August wurde Duroveray das Justizministerium angeboten, das er ablehnte, und er ließ sich daraufhin an die französische Botschaft in London binden. Der Geschäftsträger Bonnecarrère merkte an, dass es gefährlich sei, einem Ausländer die Geheimnisse unserer Diplomatie anzuvertrauen. Lebrun Tondu antwortet: „Duroveray wurde gegen meinen Willen durch den Schutz von Brissot, Clavière und Roland an die Botschaft in London gebunden, obwohl er von England als Pensionär sehr wohl anerkannt wurde."

---

[137] *Foreign Affairs Archives*, London. v. 582.

Er fügt hinzu, dass ihm Duroverays Auftrag im nächsten Monat entzogen wird.[138]

Da sich die Beschwerden gegen Duroveray häuften, entschloss sich Lebrun, ihn am 19. Oktober zurückzurufen. Nach seiner Rückkehr nach Paris wurde Duroveray schließlich als Agent der englischen Regierung denunziert. Ein Polizeiprotokoll berichtet, dass Duroveray am 4. Mai 1793 um 0.30 Uhr aufgefordert wurde, seine Korrespondenz mit England zu melden. „Dieser Bürger, so die mit seiner Verhaftung beauftragten Beamten, hat uns mehrere Pakete vorgelegt, die uns erklärten, die besagte Korrespondenz zu enthalten, die seit dem Jahr 1789 bis zur Gegenwart zu sein scheint." Die Siegel wurden angebracht. Am 30. Juli beschloss der Überwachungsausschuss in Anbetracht der Tatsache, dass „in den genannten Papieren stenografische und englische Schriftzeichen enthalten sind (wurde gesagt), und dass der Ausschuss keine Kenntnisse über diese Art von Schriftzeichen und Sprachen hat, dass die Büchse, die Brieftasche und die Pakete zum Ausschuss für öffentliche Rettung gebracht werden[139].

Dann wird es still um die fraglichen Papiere, die sich nicht mehr im Nationalarchiv befinden.

Etienne Dumont, zeitgenössischer Gènevois-Pastor und Freund von Duroveray „hat viel Geist, spricht gut und mit Zurückhaltung[140]." In London von Fox, Lord Holland usw. hoch geschätzt, bezieht Dumont eine Pension von dreihundert Louis von Lord Lansdowne.[141]

---

[138] *Foreign Affairs Archives,* London. v. 582.

[139] *National Archives.* F. 7., 4696.

[140] *National Archives (Nationalarchiv).* F. 7., 6468.

[141] Brief von Frau Reybaz an ihren Bruder (*Das Leben und die Verschwörungen von Jean de Batz, von Baron de Batz).*

Nachdem er 1788 von Sir Samuel Romilly mit Mirabeau bekannt gemacht worden war, ließ er sich im folgenden Jahr in Paris nieder, inspirierte Mirabeaus Reden und nahm manchmal den Rat von Lord Elgin an [142]. 1791 wohnte Dumont bei Bidermann, wo Reybaz, Clavière und Brissot verkehrten. Er arbeitet an der Zeitung *Le Républicain* mit. Die Papiere von Barthélemy belegen, dass Etienne Dumont und Duroveray zu den aktivsten Agenten Pitts in Paris gehörten.[143]

Divernois (oder d'Ivernois), der zusammen mit Duroveray, Dumont und Clavière aus Genf vertrieben worden war, wurde wie diese von England pensioniert. „Einige Jahre jünger als seine Freunde, schlank, mit dem Kopf voran schreitend, bietet Divernois nichts Ausgezeichnetes in seiner gesamten Erscheinung; dafür sehr liebenswürdig in der Gesellschaft, viel Geist, spricht mit Gewandtheit, schreibt gut, mit Energie und Leichtigkeit[144]."

Die geheime Korrespondenz des Berliner Hofes [145] weist Divernois als einen von Pitts wichtigsten Agenten aus. Andererseits billigte er nie die revolutionären Grausamkeiten und rettete dem General de Montesquiou das Leben.

Während des Terrors in Abwesenheit verurteilt, ließ sich Divernois in England nieder und nahm die irische Staatsbürgerschaft an. Im Jahr 1814 wurde er wieder zu Genovois und wurde zum Staatsrat ernannt.

Clavière war „unzertrennlich mit Dumont und Duroveray", heißt es in den Berichten an das Comité de Salut public. Unser

---

[142] *Memoiren von Etienne Dumont.*

[143] *Brief von Jeanneret an Deforgues, 19. Februar, 1794.*

[144] *Nationalarchiv, f. 7, 6468.*

[145] Karmin. *Dokumente über die geheime Korrespondenz mit dem Berliner Hof.*

Kapitel über die Israeliten erläutert Clavières politische Rolle.

Der Pastor Salomon Reybaz hielt einen Großteil der Reden von Mirabeau zu Beginn der Revolution. Er wurde von England pensioniert [146]. Während der Schreckensherrschaft blieb er unbemerkt; man findet ihn unter dem Direktorium als Minister der Schweiz in Frankreich.

Reybaz wurde am 29. November 1796 aufgefordert, Paris innerhalb von vierundzwanzig Stunden zu verlassen. Die einzige Überlegung, die man dazu in den Zeitungen lesen kann, ist, dass „dieser Gènevois weder die Neugier noch das Interesse der Bürger weckt[147]."

So war die gesamte Genfer Gruppe, deren Rolle in unserer Revolution so wichtig war, nur ein Instrument der englischen Regierung.

Pache ist eine einzigartige Figur eines Revolutionärs: Mit seinen friedlichen und patriarchalischen Sitten ist der Sohn eines Hausmeisters das Musterbeispiel für Ministerialangestellte. Jeden Morgen kommt er zu Fuß aus der Vorstadt mit einem Brötchen in der Tasche und arbeitet den ganzen Tag. Von Necker in die Finanzkontrolle eingeführt, freundet er sich mit dem schwerreichen Anacharsis Cloots, mit Chabot, Hassenfralz und den exaltiertesten Jakobinern an. Er vertrat die Sektion Luxemburg am 3. August 1792 bei der Petition, in der die Absetzung des Königs gefordert wurde. *Papa Pache,* wie er genannt wird, verbrüdert sich mit den September-Massakern[148] ; er lässt sich durch Rolands Schutz das Kriegsministerium geben, dessen unentbehrliches Faktotum er geworden ist; dann setzt er

---

[146] *Memoiren* von *Soulavie.* Manuskripte von Reybaz in Genf. *Geschichte* der *Konterrevolution* (Baron de Batz).

[147] Aulard. *Paris unter der Thermidorianischen Reaktion.* T. III, S. 598.

[148] G. Lenôtre. *Alte Häuser, alte Papiere.* T. I, S. 264.

alles daran, seinen Wohltäter und die Girondisten zu verlieren. Er entfaltet viel Intelligenz und Aktivität, indem er die Landesverteidigung desorganisiert und die Niederlage der französischen Armeen vorbereitet. Am Ende, da „alle Generäle, alle Kommissare des Konvents, Pache gleichzeitig anklagten[149] „, wird ihm sein Portefeuille entzogen. La Réveillère Lépeaux nannte Pache den größten Verschleuderer des öffentlichen Vermögens: In den drei Monaten seines Ministeriums ließ er 160 Millionen ohne Rechtfertigung zurück; Barère erklärte, dass es angesichts der Unmöglichkeit, die Konten von Pache zu entwirren, besser sei, den Schwamm weiterzureichen.[150]

Paches zweifelhafter Ruf hinderte ihn nicht daran, zum Bürgermeister von Paris ernannt zu werden; in dieser Funktion unterzeichnete er das Protokoll, mit dem Marie-Antoinette der Kopf abgeschlagen werden sollte. Er ließ Dillon guillotinieren und lieferte die Kanonen während des Terrors an die Pariser Kommune aus. Jeden Abend schickt er seine Frau, seine Tochter und seine Schwester in die Kaserne der Föderierten, um sie gegen die Girondisten aufzuhetzen.[151]

Cambon glaubt, dass Pache zum Zeitpunkt des Aufstands vom 31. Mai von den Gegenrevolutionären bestochen wurde: Die Bewegung sei „von Robespierre, Pache und Danton vorbereitet worden, um den kleinen Capet wieder auf den Thron zu setzen[152] „. Da Pache sich vorstellte, die Diktatur zu erreichen, konnte er andererseits alle Aufstände in der Hoffnung fördern, davon zu profitieren. Im Frühjahr 1794 schmiedeten die Cordeliers Pläne, Pache an die Spitze einer neuen Regierung zu stellen. Hébert war dieser Meinung.

---

[149] Chuquet. *Dumouriez*.

[150] Sybel. *Histoire de l'Europe*, Bd. II, S. 113.

[151] Sybel. *Histoire de l'Europe, Bd.* II, S. 32.

[152] A. Lanne. *Das Geheimnis von Quiberon*.

Die Berichte des Innenministeriums weisen Pache als einen
Agenten Pitts aus und fügen hinzu: „Es wird behauptet, dass er,
wenn er nicht inhaftiert worden wäre, die Einführung der neuen
Verfassung verhindert hätte (20. November 1795)[153]."

Pache wurde mehrmals verfolgt und zur gleichen Zeit wie
Hébert verhaftet, entging aber der Guillotine, zweifellos dank der
Macht der internationalen Gewerkschaft. Als die Revolution zu
Ende war, zog sich Pache nach dem Erreichen seines Vermögens
in eine alte Abtei zurück, die er zu einem Spottpreis gekauft und
zu einem prächtigen Anwesen gemacht hatte. Er lebte dort ruhig,
hatte keine Beziehungen mehr zu seinen früheren Freunden und
las nicht einmal mehr die Zeitungen; statt sich mit Politik zu
beschäftigen, wuchs Pache in Kräutern und Gärten.

Sein Sohn verleugnete seine Ansichten und änderte seinen
Namen[154]. Sein Schwiegersohn, Xavier Andouin, war Mitglied
der Pariser Kommune und Kriegsbevollmächtigter; er war es, der
eines Tages in der Gesetzgebenden Versammlung vom
Jakobinerklub ein Gesetz zur Verkürzung des Verfahrens
forderte, um die Verteidigung der Angeklagten abzuschaffen.

Pache scheint ein gewissenhafter und hart arbeitender
Angestellter der okkulten Macht gewesen zu sein, die die
Ereignisse lenkte. Dies war übrigens auch Robespierres
Meinung, der ihn nie auf frischer Tat ertappen konnte.

Marat wurden mehrere Staatsbürgerschaften zugeschrieben,
sogar die französische[155]. Laut Zivilstandsakten stammte Marats

---

[153] Tureau Dangin, *Royalists and Republicans*. Aulard. *Paris sous la réaction
Thermidorienne*, t. II, S. 411.

[154] Lenôtre. *Vieilles maisons, Vieux papiers, Bd.* I, S. 272.

[155] Herr R. Poidebard weist uns auf eine Lyoner Tradition hin, der zufolge die
Familie Marat aus Chuyer in der Rhône stammt. M. Chèvremont schreibt ihr
einen spanischen Ursprung zu.

Vater jedoch aus Cagliari auf Sardinien und wurde Schweizer, nachdem er eine Genueserin geheiratet hatte.

Der Volksfreund wurde in der Schweiz geboren, praktizierte von 1769 bis 1777 als Arzt in Newcastle und London, ließ sich der Freimaurerei anschließen und wurde dann Arzt der Garde des Grafen von Artois; wegen seiner heftigen Angriffe auf Necker wurde er 1790 verfolgt. Er ging nach England zurück und kehrte von dort zurück, sobald die Anarchie in Paris etabliert war. Der Rest seiner Geschichte ist hinreichend bekannt. In Bezug auf Marat sei nur angemerkt, dass die meisten Gewalttaten und Grausamkeiten der Revolutionszeit auf Ausländer zurückzuführen sind.

Der Volksfreund scheint ein Agent von Philippe Égalité gewesen zu sein; einigen Autoren zufolge wurde er direkt von England bezahlt. Marat und Pitt sollen sich in London in einem kleinen Raum einer Taverne verabredet haben (im Jahr 1792).[156]

Es ist erlaubt, sich über Marats Platz in der Geschichte zu wundern: Man kann nicht ernsthaft behaupten, er hätte Talent gehabt, weder als Schriftsteller noch als Redner. Er war allgemein unsympathisch und laut Taine litt er an einer Art von Wahnsinn, der den Alienisten wohlbekannt war, dem ehrgeizigen Delirium.

Hulin (oder Hullin), der aus der Schweiz stammte, war Leiter der Wäscherei in La Briche bei St. Denis. 1789 trat er in die Französische Garde ein und gehörte zu den Siegern über die Bastille. Ein Memorandum, in dem Hutin und Maillard der Versammlung von ihren Heldentaten berichten, enthält folgenden Satz: „Wenn es erlaubt ist, sich selbst zu loben, werden die Unterzeichneten dies ohne Zweifel tun, aber mit jener Bescheidenheit, die den Charakter wahrer Helden so gut

---

[156] Siehe Despatys. *La Révolution, la Terreur, le Directoire*, S. 49.

beschreibt.".[157]

Hulin bildete die Kompanie der Freiwilligen der Bastille, deren Kommandant er sich selbst nannte. Es dauerte nicht lange, bis Beschwerden über seine Amtsführung laut wurden; außerdem beschuldigte Marat ihn, Banditen anzuführen, die aus den Pariser Bataillonen vertrieben worden waren[158] ; und eine Gruppe von Siegern der Bastille denunzierte ihn als „Polizeispitzel"[159].

Nachdem Hulin zur Zeit der Oktobertage die Nationalgarde befehligt hatte, zeichnete er sich am 10. August aus. Als die Nationalgarde aufgelöst wurde, wurde er zum Hauptmann der Nordarmee ernannt. Er wurde während der Schreckensherrschaft verhaftet und entging der Guillotine; man fand ihn als Vorsitzenden des Kriegsrats, der den Herzog von Enghien verurteilte, und später als General unter dem Kaiserreich. Hulin erhielt von dem Verschwörer Malet einen Pistolenschuss, der ihm den Kiefer brach, aber er erholte sich wieder. Während der Restauration bot er Ludwig XVIII. seine Dienste an, der sie jedoch ablehnte.

Eine große Anzahl von Schweizern spielte in der Revolution eine verblasste Rolle: Necker war größtenteils durch den Einfluss von Masson de Pezay, dessen Vater ein Genfer war, an die Macht gebracht worden. Pezay war der Liebhaber der Prinzessin von Montbarey, die Frau de Maurepas anführte; diese führte ihren Mann an, der den König anführte. Maurepas behauptete daher, dass Pezay der wahre König von Frankreich sei. Die Abberufung des Parlaments war seinem Einfluss zu verdanken.

Christin, Sekretär im Finanzministerium, war eher konterrevolutionär eingestellt, während Finguerlin Mitglied der

---

[157] *Actes de la Commune de Paris*, Bd. I, S. 156.

[158] *Actes de la Commune de Paris*, Bd. I, S. 156.

[159] Buchez und Roux. *Histoire parlementaire*, Bd. VIII, S. 277.

Kommune von Lyon und des Direktoriums des Departements war.

La Harpe, der Voltaire „Papa" nannte, war in Paris als Sohn schweizerischer Eltern geboren worden. Er verführte die Tochter eines Limonadenfabrikanten, heiratete sie, ließ sich scheiden und heiratete im Alter von achtundfünfzig Jahren erneut ein dreiundzwanzigjähriges Mädchen. Im Jahr 1776 wurde er Mitglied der Académie Française.

Als Vertreter der Kommune für den Distrikt St-Germain des Près hörte er nicht auf, die Revolution in seinen Vorlesungen und Werken zu preisen, schrieb gewalttätige Artikel im *Mercure de France* und änderte seine Meinung weder nach den Massakern noch nach dem Tod von Ludwig XVI. Er wurde jedoch im April 1794 verhaftet, und seine Mitgefangenen, die Bischöfe von St-Brieuc und Montauban, bekehrten ihn[160]. Laut Mallet du Pan ließ eine unbekannte Frau La Harpe während seiner Gefangenschaft die Nachahmung Jesu Christi lesen, was der wahre Grund für seine Bekehrung gewesen sein soll[161]. Wie dem auch sei, der ehemalige Voltairianer, der zum Kleriker wurde, nahm die Revolution „mit einer Abneigung auf, die der Liebe, die er ihr entgegengebracht hatte, gleichkam"[162].

Als Redakteur des *Mémorial* wurde La Harpe in die royalistische Agitation verwickelt, freigesprochen und erneut zur Deportation verurteilt[163]. Es gelang ihm, sich vom 18. Fructidor bis zum 18. Brumaire zu verstecken. Die Polizei vergaß ihn und er starb 1803, wobei er eine Reihe berühmter Werke hinterließ.

---

[160] Ste-Beuve. *Montags.* Tome V.

[161] Mallet du Pan, *Memoiren,* S. 459.

[162] Arnault. *Erinnerung eines 60-Jährigen.*

[163] *Sammlung der Akten des Exekutivdirektoriums.* T. I.

Ein anderer Genfer, der mit Voltaire befreundet war, Pictet, ließ sich etwa zehn Jahre vor der Revolution in Paris nieder, fand dank Necker eine Stellung und besuchte den Salon von Madame Roland; er war einer der Gründer der Gesellschaft der Freunde der Schwarzen. Während der Schreckensherrschaft wechselte er jedoch die Seiten, und Barthélemys Papiere berichten von Pictet und Mallet du Pan, die sich mit Hilfe der Engländer sehr stark gegen den Konvent bewegten.

Mallet du Pan nahm stets eine gemäßigte und weise Haltung ein, indem er die revolutionären Exzesse tadelte und die Existenz einer okkulten Macht anprangerte, ohne jedoch die Organisation der Freimaurer zu erwähnen. Er schrieb an den König von Preußen über die revolutionären Klubs: „Alle diese Gesellschaften werden, ohne es zu ahnen, von dem geheimen Einfluss einer intimeren Versammlung beherrscht, die aus der Quintessenz aller anderen Versammlungen besteht:... Diese geheime Versammlung besteht aus einem Zentralkomitee, das in Paris residiert und mit anderen Zentralkomitees korrespondiert...

Der Jakobinismus ist mit den Presbyterianern in England, den Illuminaten in Deutschland usw. verbündet"[164].

Mallet du Pan verfasste vor der Revolution das *Journal historique et politique* de Genève, das mit dem *Mercure de France* vereint wurde; er vertrat darin die Ideen der konstitutionellen Monarchisten. Ludwig XVI. beauftragte ihn mit einer geheimen Mission bei den Koalitionären. Als er nach dem Sturz des Königtums nach Genf zurückkehrte, führte er einen regen Briefwechsel zugunsten der Monarchisten. Er starb 1800 in London, nachdem er mehrere wertvolle Werke verfasst hatte.

Auf der Gegenseite stand Virchaud (de Neufchâtel), Sekretär

---

[164] F. Descostes. *Die Französische Revolution aus der Sicht des Auslands.*

des Cordeliers-Clubs; er war es, der der Versammlung am 15. Juli 1791 die Petition gegen das Königtum überreichte [165]. Damals ging das Gerücht um, dass die Petitionäre von ausländischen Regierungen bestochen wurden.

Gaspard Schweitzer (aus Zürich), ein Neffe Lavaters, scheint ein braver Mann gewesen zu sein, der von der internationalen Gewerkschaft ausgebeutet wurde. Als Mitglied der Illuminaten ließ er sich gleich zu Beginn der Revolution in Paris nieder; von Mirabeau in die Jakobiner eingeführt, verband er sich mit Barnave, Robespierre, Bergasse usw., ließ sich von den Revolutionären, die immer wieder auf seine Börse zurückgriffen, täuschen und ruinieren. Mirabeau lieh sich zwar beträchtliche Summen von ihm, machte aber gleichzeitig Madame Schweitzer den Hof, von der es heißt, dass sie ihn abgewiesen habe.

1794 beauftragte das Komitee der öffentlichen Rettung Schweitzer, die wichtigsten Reichtümer der königlichen Schlösser in Amerika zu verkaufen und dreißig Millionen, die Ludwig XVI. den Vereinigten Staaten geliehen hatte, zurückzufordern. Der verzauberte Schweitzer sah darin eine Gelegenheit, sein Vermögen wieder aufzufüllen. Leider wird ihm ein Abenteurer namens Schwan zur Seite gestellt, der ihn bestiehlt. Er kehrt nach Europa zurück und beendet sein Leben mühsam in Verlegenheit.[166]

Niquille, Agent der Pariser Kommune, wurde nach dem 18. Brumaire zum Generalinspektor der Polizei. Nach der Explosion am 2. November wurde er trotz Barras verhaftet und nach Madagaskar deportiert.

Panchaud war zunächst Bankier in London und wurde dann zum Direktor der Caisse d'Escompte in Paris ernannt. Obwohl er

---

[165] Aulard. *Histoire politique de la Révolution Française,* S. 148 ff.

[166] Barbey. *Schweizer ausserhalb der Schweiz.*

zur Führungsgruppe Mirabeaus gehörte, scheint er sich mehr mit Finanzen als mit Politik beschäftigt zu haben.

Herr Gustave Bord führt Foullons Tod auf genuesische und schwedische Einflüsse zurück, ohne die Namen zu nennen.

Pastor Frossard (aus Nyon) war Ehrendirektor der Fakultät in Oxford und Mitglied der Landwirtegesellschaften von Bath und Manchester. Young stieg bei ihm in Paris ab, weil er ihn fast wie einen Landsmann betrachtete; mit Brissot und Roland verbunden, wurde Frossard nach der Flucht aus Varennes zum Mitglied des in Lyon gebildeten ständigen Jakobinerausschusses, dann zum Mitglied des Generalrats und zum Generalstaatsanwalt Syndic ernannt. Er wurde bei den Jakobinern in Clermont aufgenommen und führte den protestantischen Gottesdienst in der Karmeliterkirche ein. Ende 1793 ist er in Lyon, dann verliert sich seine Spur und 1802 findet man ihn als Mitglied des Konsistoriums von Paris.[167]

Herr G. Bord[168] wies auf die seltsame Haltung von Oberst d'Affry hin, der sich, nachdem er sich zum Zeitpunkt der Réveillon-Affäre für krank erklärt hatte, am 10. August weigerte, den Schweizern den Befehl zu übermitteln, auf die sie angreifenden Randalierer zu schießen[169]. D'Affry gehörte der Freimaurerei an.

Zusammenfassend lässt sich sagen, dass eine Gruppe von Schweizern eine wichtige Rolle in der Revolution spielte, aber sie repräsentierte weder die Politik der helvetischen Regierung noch die Ideen der Mehrheit in ihrem Land. Viele von ihnen waren von England pensioniert; andere standen unter britischem Einfluss. Napoleon Ier schrieb 1802 den Aufstand in Genf den

---

[167] *Korrespondenz von Frau Roland,* S. 726.

[168] *Die revolutionäre Verschwörung von 1789.* G. Bord.

[169] Siehe Le *Moniteur* vom 30. August 1792, S. 553.

englischen Machenschaften zu.

Wie die Freimaurer, die Juden und die Protestanten waren auch die Schweizer ein von einer okkulten Macht gesteuertes Instrument der Zerschlagung. Die Meinung von Soulavie, dem französischen Residenten in Genf, lautet: „Die Dumonts, Duroverays, Clavières und andere Abenteurer waren die Handlanger eines englischen Komitees[170]."

---

[170] *Erinnerung an Soulavie.* V. VI, S. 409.

KAPITEL VI

DIE AUSLÄNDISCHE INVASION IM JAHR 1789

Zu Beginn der Revolution „dringen Engländer, Italiener und Bankiers in die Volksversammlungen ein und schleichen sich in die Vorzimmer der Minister. Sie spionieren alles aus und schleichen sich in die Volksgesellschaften ein. Bald sieht man sie mit den Magistraten verbunden, die sie schützen"[171]. Laut Loustalot und Thureau Dangin gibt es in Paris 40.000 Ausländer ohne festen Wohnsitz und ohne bestimmten Beruf[172]. Bezenval berichtet, dass das Aussehen dieser Männer, „die meisten von ihnen waren verkleidet und mit großen Stöcken bewaffnet, ausreichte, um zu beurteilen, was man von ihnen zu befürchten hatte". Das war die Armee, die von der revolutionären Gewerkschaft eingesetzt wurde, und zu ihr gesellten sich Tausende von Landstreichern, Dieben und Deklassierten, die sich immer über Zeiten der Unruhe freuten. „Durch eine sorgfältige Auswahl wird ein dreifach besoldetes Janitscharenkorps gebildet werden"[173], das alle von der okkulten Macht befohlenen Aufstände ausführen wird. Die Agenten des Herzogs von Orléans scheinen mit der Bezahlung dieser Revolutionsarmee beauftragt worden zu sein.

---

[171] *Nationalarchiv* AD¹ 108. Bericht an den Konvent über die ausländischen Fraktionen.

[172] Thureau Dangin, *Royalists and Republicans*.

[173] TAINE. *Die Französische Revolution*.

Laut den Memoiren von Mallet du Pan[174] betrug der Sold das Dreifache des Solds der regulären Truppen.

Marat gibt in *L'Ami du peuple*[175], zu, dass die Sieger der Bastille größtenteils Deutsche waren. Die Truppe von General Henriot, einem ehemaligen Diener, der mehrmals wegen Diebstahls vertrieben worden war, bestand hauptsächlich aus Deutschen, die nicht einmal Französisch verstanden. Herr de Montmorin behauptete, dass „fast alle, die am 21. Juni die Tore der Tuilerien aufbrachen, Ausländer waren"[176].

Zu diesem berühmten Aufstand ist anzumerken, dass zwei der Zuschauer, die zu den intelligentesten gehörten, ihm das Datum des 21. und nicht des 20. zuordnen. Die Memoiren von General Dumouriez stimmen in diesem Punkt mit dem St.-Helena-Memorial überein (L. 1, S. 106). Dies ist einer der wenigen Punkte, in denen diese beiden Todfeinde (Napoleon und Dumouriez) einer Meinung sind.

Als die Minister am Vorabend des 10. August erklärten, dass der König niemals zustimmen würde, auf sein Volk schießen zu lassen, antwortete Lameth ihnen: Ist das Volk in einem Sammelsurium von vaterlandslosen Fremden, die man seit sechs Monaten in Paris ruft?[177].

Die Tatsache war so wenig zu leugnen, dass das Direktorium des Departements Seine offiziell auf ein Rundschreiben von Minister Roland antwortete: „Wir sind nicht inmitten dieser Ansammlungen von zumeist fremden Männern nach der

---

[174] *Mémoires de Mallet du Pan*, T. II, S. 52.

[175] N° 50.

[176] G. MALET. *Sieger der Bastille und Sieger des* 10. August. *Intermediaire des chercheurs* 10. Februar 1913.

[177] *Mémoires de Lameth*, S. 156.

Meinung des Volkes gesucht"[178].

Schmidt Weißenfels spricht in seinem Band über Friedrich Gentz auch von der Flut von Abenteurern, die damals über Frankreich hereinbrach und sowohl von den Ufern des Tibers als auch von den Ufern der Spree kam.

Um diese Truppen zu befehligen, war es nicht unmöglich, revolutionäre französische Offiziere zu finden; aber sie schienen nicht skrupellos genug zu sein, und die Verschwörer wählten einen Polen namens Lazowski, der in die französische Armee eingetreten war und zum Tode verurteilt worden war, weil er einen seiner Vorgesetzten geschlagen hatte. Er wurde von Ludwig XVI. begnadigt, blieb aber dennoch ein Feind des Königtums. Als Artilleriehauptmann zu Beginn der Ereignisse von 1789 wurde er zum Mitglied des Revolutionskomitees, Sektion Finistère, ernannt[179]. Nachdem er die ersten Unruhen organisiert hatte, wurde er am 16. Juni 1792 zusammen mit einigen obskuren Bürgern ausgewählt, um im Rathaus die Absicht der Vorstädte zu verkünden, sich in Massen zu erheben. Er schlug dem Rat der Kommune vor, dass die Demonstranten bewaffnet sein sollten, „als Vorsichtsmaßnahme und um den Böswilligen etwas aufzuzwingen". Lazowski führte die Aufständischen am 20. Juni und 10. August an und setzte sich selbst dem Feuer aus, während sich die Inspiratoren der Bewegung versteckten. Er ließ die Gefangenen von Orléans mit Hilfe des Amerikaners Fournier ohne Gerichtsverfahren töten, leitete die Massaker von Versailles, plante mit Desfieux und Varlet die Ermordung der wichtigsten Abgeordneten der Rechten und schlug den Cordeliers die Proskription der Girondisten vor.

Er trank so exzessiv, dass er am 21. April 1793 an Alkoholismus starb. Zwei Monate zuvor war er wegen der

---

[178] TAINE. *Die jakobinische Eroberung.*

[179] *Nationalarchiv,* F. 7, 2517.

Organisation von Unruhen in Amiens strafrechtlich verfolgt worden. ᵉʳAus dem Haftbuch des Gefängnisses in Amiens geht hervor, dass Joseph-Félix Lazowski am 1. Februar 1794 eingesperrt wurde [180]. Er war seit zehn Monaten tot. Die Erklärung dafür muss noch gefunden werden.

Vielleicht handelt es sich um seinen Bruder, der als Hauslehrer für die Söhne des Herzogs von Liancourt tätig war und sich der royalistischen Sache verschrieben hatte. Lacretelle sagte, dass Lazowski „über die traurige Berühmtheit stöhnt, die sein Bruder seinem Namen angehängt hat[181]." In den Registern von Amiens gäbe es dann einen Vornamensfehler.

Dem großen Mann wurde ein Staatsbegräbnis bereitet. Der Jakobinerklub beschloss, dass Lazowskis Büste neben der von Brutus über dem Stuhl des Präsidenten aufgestellt werden sollte. Lazowskis Ruf war eher mittelmäßig; seine Grabrede enthält folgenden Satz: „Den Diensten, die Lazowski der Revolution geleistet hat, würde man vergeblich Vorwürfe der Veruntreuung entgegenhalten, die vielleicht begründet sind, und andere Vergehen, die Männern von großem Charakter zu vertraut sind."

Aber Robespierre erklärt, er weine „über den immensen Verlust, den die Republik gerade erlitten hat und der alle Fähigkeiten ihrer Seele absorbiert[182]."

Im Elsass ist der Hauptagent der revolutionären Verschwörung der deutsche Mönch Euloge Schneider, der nicht mehr dem Orden angehört. Der 1789 in Bonn lehrende Euler kam ohne bekannte Gründe nach Straßburg und machte sich im Jakobinerklub durch seine Gewalttätigkeit bemerkbar. Als er sofort zum Richter und später zum Ankläger am

---

[180] Darsy. *Amiens während der Revolution.*

[181] De Lacretelle. *Dix ans d'épreuves*, S. 67 ff.

[182] E. Biré. *Journal d'un bourgeois de Paris*, t. II S. 339 ff.

Revolutionstribunal ernannt wurde, organisierte er den Terror, erhob in der ganzen Stadt gewaltige Geldstrafen, steckte zweitausend Menschen ins Gefängnis und ließ sie mehr oder weniger streng behandeln, je nachdem, was sie ihm zahlten[183]. Er reist durch das ganze Elsass, zieht sein Gericht und seine Guillotine hinter sich her und missbraucht Frauen, indem er sie terrorisiert.

Solange er sich damit begnügte, zu stehlen, zu vergewaltigen und zu guillotinieren, ließen ihn die Kommissare des Konvents gewähren, aber kam er nicht eines Tages auf die Idee, in einer mit sechs Pferden bespannten Kutsche nach Straßburg zu fahren? Diesmal war die demokratische Gleichheit bedroht; St-Just und Lebas erließen folgenden Beschluss: „Die Volksvertreter, infor més dass Schneider mit unverschämtem Prunk in Straßburg aufgetreten ist, von sechs Pferden gezogen, von Wachen umgeben und mit blankem Säbel, verhängen, dass der genannte Schneider morgen von 10 Uhr bis 2 Uhr auf dem Schafott ausgestellt wird, um die Beleidigung der Sitten der Republik zu sühnen, und dann zum Ausschuss für öffentliche Rettung gebracht wird."

Schneider wurde tatsächlich nach Paris geschickt, am 11. Germinal des Jahres II zum Tode verurteilt und hingerichtet.

Desfieux (oder Deffieux) wird in Meillans Memoiren als „Schurke, Dieb, betrügerischer Bankrotteur, aber guter Patriot" geschildert. Warum wollte dieser gute Patriot, der Belgier war, unbedingt Ludwig XVI. stürzen, anstatt in Bordeaux den Weinhandel fortzusetzen, den er dort 1789 betrieben hatte?

Wie kam er mit Graf Proly, Pereyra und Dubuisson zusammen? So viele Rätsel.

---

[183] Sybel. *Histoire de l'Europe*, Bd. II, S. 347.

So erzählt er selbst von seinen Anfängen im politischen Leben, ohne die Motive zu erklären, die ihn handeln lassen:[184]

„... Am 12. Juli brachte ich die Nachricht von Neckers Entlassung in den Königspalast und rief dort sofort dazu auf, sich gegen den Hof zu bewaffnen... Am 13. Juli war ich einer der ersten, die sich in die Kirche der Petits Pères begaben. Dort gab ich die Art und Weise der Einberufung zur Bildung der Nationalgarde bekannt; diese Art und Weise wurde angenommen.

Am 14. war ich in der Bastille und überall dort, wo ein Patriot sein musste

Geschäfte riefen mich nach Bordeaux. Dort predigte ich die Revolution und gründete eine Volksgesellschaft, die unter dem Namen Club du café national bekannt war... Ich reiste auf Einladung der Stadtverwaltung nach Toulouse, um dort eine Volksgesellschaft zu gründen... Mein Ruf als Patriot ließ mich in die Gesellschaft der Jakobiner aufnehmen... Ich war einer der ersten, der die Brissotins, Rolandins und Girondins denunzierte...".

Im August 1790 wurde ein Hausierer verhaftet, der antimilitaristische Broschüren verkaufte; die Untersuchung ergab, dass er von Desfieux, der sich kürzlich in Paris niedergelassen hatte, mit dieser Aufgabe betraut worden war. Im folgenden Jahr wurde Desfieux zum Schatzmeister der Jakobiner ernannt, dann zum Geschworenen im Revolutionstribunal, zum Vorsitzenden des Korrespondenzkomitees des Jakobinerklubs und zum Mitglied des Revolutionskomitees.

Kriegsminister Bouchotte beauftragt ihn mit einer Mission in die Schweiz. Nach seiner Rückkehr nach Paris unterstützte er die

---

[184] *Nationalarchiv*, F. 7, 4672.

fortschrittlichsten Vorschläge und kritisierte die Langsamkeit des Revolutionstribunals.

Desfieux ist im Januar 1793 Vizepräsident der Gesellschaft der Freunde der Freiheit, die sich bis zur Hinrichtung des Tyrannen für permanent erklärt und eine Delegation entsendet, um die Kommune aufzufordern, ihre Überwachung zu verdoppeln[185]. Gleichzeitig ist Desfieux jedoch Geheimagent des Barons de Balz, der versuchen will, den König zu retten.[186]

Im Frühjahr 1793 richtete Desfieux, ein Mitglied des Aufstandskomitees, in seinem Haus in der Rue des Filles St-Thomas ein Büro ein, in dem er mit Plätzen handelte. Er übernahm auch die Aufgabe, gegen eine ehrliche Maklergebühr auf Collot d'Herbois einzuwirken. Er wurde überführt, Geld von Lebrun Tondu erhalten zu haben, um die Depeschen der Jakobiner abzufangen, wobei nicht klar ist, zu welchem Zweck. Manchmal ließ er ihre Korrespondenz einfach verschwinden, manchmal ersetzte er sie durch gefälschte Depeschen; die Kuriere wurden dafür reichlich bezahlt.[187]

Diese rätselhafte Person war der Besitzer des Hauses, in dem Proly wohnte, und einer seiner Diener oder Angestellten war der Wächter der Siegel, als Kaunitz' Sohn verhaftet wurde [188]. Desfieux, der fast zur gleichen Zeit wie Proly eingesperrt wurde, konnte am 25. Frimaire das Gefängnis verlassen und verlangte die Aufhebung der in seinem Haus angebrachten Siegel. Es stellte sich jedoch heraus, dass die Siegel von unbekannter Hand aufgebrochen worden waren und die kompromittierenden

---

[185] Beauchesne. *Geschichte von Ludwig XVII.*

[186] *Nationalarchiv*, F. 7, 4672.

[187] Buchez und Roux. *Histoire parlementaire*, T. XXXI, S. 376.

[188] *National Archives.* F. 7, 2774.

Papiere verschwunden waren.

Schließlich wurde Desfieux zusammen mit seinen Freunden Pereyra und Proly zum Tode verurteilt.

Eine ihrer Mitbürgerinnen, das Mädchen Terwagne, besser bekannt unter dem Namen Théroigne de Méricourt, war in Belgien in dem Moment geboren worden, „als Venus in Konjunktion mit Merkur trat", wie die Chronisten der Zeit berichteten. Das hätte man als gefährliches Omen ansehen können. Sie wurde die Geliebte eines österreichischen Obersts und, wie man sagt, des Königs von England; es wurden gefälschte Briefe von Theroigne an diesen Herrscher veröffentlicht. Nach verschiedenen Abenteuern, die damit endeten, dass sie in Autrice zu einer Gefängnisstrafe verurteilt wurde, ließ sich Théroigne de Méricourt kurz vor der Revolution in Paris nieder. Man sah sie oft allein in einer Loge in der Oper, bedeckt mit Diamanten[189]. Sie gründete mit Romme den Club der *Freunde des Gesetzes,* dessen Archivarin sie war, und stand so in häufigem Kontakt mit Roland, Bosc und Lanthenas. Im Februar 1790 wurde sie in den Club des Cordeliers aufgenommen und hielt dort eine viel beklatschte Rede.

In der Sitzung vom 26. Januar 1792 sprach Dufourny im Jakobinerklub: „Meine Herren, ich muss Ihnen einen Triumph für den Patriotismus ankündigen: Fräulein Theroigne, berühmt durch ihren Bürgersinn und die Verfolgungen, die sie von Seiten der Tyrannei erfahren hat, ist hier auf der Damentribüne. Dort wird sie mit dem ganzen Interesse empfangen, das ihr Geschlecht und ihr Unglück erregen können[190].

Nur, da es schwer ist, es allen recht zu machen, wurde Théroigne einige Tage später von einer Gruppe

---

[189] *Memoiren des Grafen von Espinchal.*

[190] Aulard: *La société des Jacobins,* t. III., S. 346.

konterrevolutionärer Frauen, die sie in der Tuilerie getroffen hatten, öffentlich ausgepeitscht. Auch Collot d'Herbois gefiel sie nicht; er erklärte am 23. April 1792 auf der Tribüne des Jakobinerklubs: „Was uns eine große Befriedigung bereitet, ist zu erfahren, dass in einem Café auf der Terrasse der Feuillants Mademoiselle Théroigne beschlossen hat, dass sie Robespierre und mir ihre Hochachtung entzieht." In diesem Moment, so heißt es in der Parlamentsgeschichte[191], befand sich Mademoiselle Théroigne auf der Damentribüne. Gereizt durch den Apostroph und das dadurch erzeugte Gerücht, sprang sie über die Barriere, die sie vom Inneren des Saals trennte, überwand die Anstrengungen, die man unternahm, um sie zurückzuhalten, näherte sich dem Schreibtisch mit lebhaften Gesten und bestand darauf, um das Wort zu bitten. Doch schließlich wird sie aus dem Saal gewiesen".

Théroigne de Méricourt war bei allen Aufständen dabei; sie hielt am 5. und 6. Oktober eine Ansprache an die Pariser und das Regiment von Flandern, nachdem sie der Garnison von Nancy den Aufstand gepredigt hatte. Sie hetzte das Volk am 10. August zu einem Massaker an den Schweizern auf und ließ dem Journalisten Suleau, dessen Artikel sie angriffen, die Kehle durchschneiden; dann ließ sie den Kopf des unglücklichen Schriftstellers auf einer Pike spazieren führen.

General Thiébault berichtet in seinen Memoiren, wie ihm seine Kanonen von Théroigne abgenommen wurden. Nach dem 10. August war es wieder sie, die über den Widerstand des Vorsitzenden der Sektion Feuillants, die Gefangenen auszuliefern, triumphierte. Natürlich wurden sie sofort massakriert.

Daher verliehen die Föderierten Théroigne de Méricourt und Rose Lacombe Bürgerkronen, um sie an ihren Mut am 10.

---

[191] Buchez und Roux, T. XIV, S. 130.

August zu erinnern[192].

Welchen Grund hatte diese Ausländerin, sich so sehr für die revolutionäre Sache zu begeistern? Woher stammte das Geld, das sie an die Aufständischen verteilte? Man fragt sich, ob sie nicht ganz einfach eine Agentin des Königs von England oder von Kaunitz gewesen sein könnte, mit dem sie regelmäßig korrespondierte. Dies ist in den Wiener Archiven belegt. Es war später nicht mehr möglich, ihre Vertraulichkeiten zu sammeln, da sie 1794 verrückt wurde und in die Salpêtrière eingeliefert wurde.[193]

In der Bande von Desfieux, Proly und Pereyra befindet sich auch der Spanier Gusman (oder Guzman). Als zwielichtiger Bankier versuchte er erfolglos, sich als Sohn des Kurfürsten von Köln auszugeben, dann als Großer von Spanien, dann als Nachkomme der Herzöge der Bretagne. Unter Ludwig XVI. nennt er sich Baron de Frey, ein deutscher Untertan, und tritt dann in die französische Armee ein, aus der er aus unbekannten Gründen vertrieben wird. Er wurde zu einem der aktivsten Agenten des zentralen Revolutionskomitees und des Revolutionskomitees der Kommune. Die Sektion der Piques zählt ihn zu ihren Kommissaren. Er war in alle Unruhen verwickelt und gab selbstlos Geld aus; Barbaroux und andere berichteten, dass er Assignaten an die Aufrührer verteilte. Herr Morel Fatio [194] glaubt, dass Guzman ein Agent der österreichischen Regierung war. Unter den zahlreichen Denunziationen gegen Guzman ist eine hervorzuheben, in der er beschuldigt wird, eine als Mann verkleidete Frau zu sein.

Dreimal pro Woche gibt Gusman Abendessen, bei denen

---

[192] *Memoiren von Bertrand de Molleville... Memoiren von Beaulieu.* Lacour: *Drei Frauen der Revolution.*

[193] *Nationalarchiv*, F. 7, 4775, 27.

[194] *Historische Zeitschrift.*

Danton, Fabre d'Églantine, Camille Desmoulins, Pereyra, Chabot und einige Engländer die von Desfieux gelieferten Weine probieren. Er gehört zu den Hebertisten, nach dem Tod Ludwigs XVI. findet man Gusman dann unter den Geheimagenten von Jean de Batz[195].

Er wurde verurteilt und am 5. April 1794 guillotiniert.

Der Italiener Rotondo war 1785 aus Frankreich ausgewiesen worden, weil er rund zwanzig Tänzerinnen der Oper betrogen hatte. Er galt als von Lameth für die ersten Unruhen der Revolution engregiert. Zusammen mit seinem Landsmann Cavallanti leitet er die Plünderung des Hôtel de Castries. Einige Tage später wurde er von Offizieren, denen seine revolutionären Tiraden missfielen, zusammengeschlagen. Er gab sich als Professor für Fremdsprachen aus und beklagte sich, dass sich alle Tyrannen Europas gegen ihn verbündet hätten.

Im Juli 1790 wurde der Professor - zweifellos von den Geheimgesellschaften - beauftragt, die Königin zu ermorden. Deshalb drang er zu der Zeit in die Gärten von St-Cloud ein, als Marie-Antoinette ihren täglichen Spaziergang machte[196]. Wegen des Regens konnte die Königin an diesem Tag jedoch nicht nach draußen gehen, und Rotondo scheint keinen weiteren Versuch unternommen zu haben.

Vier Monate später wird in Polizeiberichten festgestellt, dass ein Italiener, „der sich manchmal als Engländer bezeichnet, den man manchmal Rotondi und manchmal Rotondo nennt, die beleidigendsten Äußerungen gegen den König und die Königin macht. Am 29. Juli 1791 wurde er strafrechtlich verfolgt, weil er den Aufständischen Geld gegeben hatte."

---

[195] *Nationalarchiv*, A. F" 45 und F. 7, 4774.

[196] *Memoiren von Frau Campan*, S. 276.

„Der tapfere Rotondo wurde von einem Grenadier verhaftet und in die Wache des Bataillons von Heinrich IV. gebracht, wo dieser Schurke ihn mit einem Gewehrkolben auf den Kopf schlug[197]."

Rotondo hatte jedoch einen harten Kopf, denn vier Tage später wurde er aus dem Abteigefängnis entlassen. Er wird erneut wegen hetzerischer Äußerungen verhaftet und verbringt diesmal 15 Tage im Châtelet. Etwas später wurde er wieder in die Abtei gebracht, weil er beschuldigt wurde, auf Lafayette geschossen zu haben. Herr Lenôtre wies darauf hin, dass der Diebstahl des Schmucks von Frau du Barry mit der Entlassung Rotondos aus dem Gefängnis zusammenfällt, der gegen sie einen Erpressungsversuch unternommen hatte[198]. Er beschäftigte sich aktiv mit der Vorbereitung der Tage des 20. Juni und des 10. August und nahm dann an den Massakern im September teil. Anschließend erschrak er und versteckte sich. Als er in Rouen festgenommen wurde, flüchtete er nach Genf, wo er mit einem hohen Geldbetrag, mit dem er eine Bande von 200 bis 300 Räubern rekrutierte, verhaftet wurde[199]. Er wird ins Gefängnis gesteckt, nachdem er, wie er behauptet, mehr als fünfzig Säbel- und Bajonettstiche erhalten hat. Anschließend wurde er als einer der Mörder der Prinzessin von Lamballe an den König von Sardinien ausgeliefert und zu lebenslanger Haft verurteilt. Bei der Ankunft der französischen Truppen wird Rotondo jedoch wieder freigelassen und er erhält von General Kilmaine einen Pass, in dem er als „chargé d'affaire pour la République française!" bezeichnet wird." Rotondo wähnt sich gerettet, doch als er in Paris ankommt, wird er erneut als Agent Englands verhaftet, was ihn jedoch nicht davon abhält, sich als Franzose einbürgern zu lassen und Geheimagent des Direktoriums zu werden. Drei Monate später wird er von der Gendarmerie an die

---

[197] *L'Ami du peuple*, 29. Juli 1791. *Actes de la Commune*, Bd. VI, S. 670.

[198] Lenôtre: *Veilles maisons, vieux papiers,* 2ᵉ Serie, S. 149.

[199] *Actes de la Commune de Paris*, t. VI.

Grenze gebracht. Als er am 18. Brumaire zurückkehrt, lässt Napoleon ihn erneut ausweisen.

1811 wurde Rotondo erneut in Frankreich wegen bewaffneten Raubüberfalls verhaftet, aber die Polizei schickte ihn einfach über die Grenze. Er ließ sich daraufhin in Italien nieder, wo er bald wegen Mordes und Diebstahls gehängt wurde.[200]

In dieser so gut gefüllten Karriere muss man sich ein Detail merken: Rotondo, der mit hoher Wahrscheinlichkeit verdächtigt wurde, ein Agent Englands zu sein, verteilte Geld an die Aufständischen. Er stand also in jemandes Diensten.

Zu seinen Freunden gehörte der Engländer Greives, dem der Diebstahl des Schmucks von Madame du Barry zugeschrieben wird. Greives stand in ausgezeichneten Beziehungen zu Marat und hatte sich zum Kommissar des allgemeinen Sicherheitsausschusses ernannt. Durch seine Denunziationen gegen die ehemalige Favoritin erreichte er ihre Verhaftung, sammelte alle möglichen Beweise gegen sie und ließ alle Personen verhaften, die der Justiz Informationen über den Juwelenraub hätten geben können. Er begleitete Frau du Barry in einem Wagen von Louveciennes bis zum Gefängnis. Man hat sich gefragt, ob die ehemalige Favoritin sich geweigert hatte, den für ihre Flucht geforderten Preis zu zahlen, da solche Gepflogenheiten in der revolutionären Welt ziemlich verbreitet waren. Nachdem Frau du Barry hinter Schloss und Riegel gebracht worden war, zog Greives ins Schloss Louveciennes, um das Inventar zu erstellen; die Gemeinde ernannte fünf Wächter, die verhindern sollten, dass Greives bei seiner Arbeit gestört wurde. Die Erstellung des Inventars dauerte lange, weil viele Wertgegenstände sorgfältig versteckt waren. Schließlich, nach sechs Monaten, waren alle Reichtümer von Frau du Barry verschwunden und Greives machte sich auf den Weg nach

---

[200] H. Furgeot: *Der Marquis de St-Huruge*. G. Lenôtre: *Veilles maisons, vieux papiers,* 2ᵉ Serie, S. 157.

Holland. Als er mitten auf der Reise verhaftet wurde, brachte man ihn in das Gefängnis der Récollets. Aber er fand sofort ausgezeichnete Argumente, um sich die Türen öffnen zu lassen, und ging nach Brüssel, um in Ruhe von seinen Renten zu leben, so M. G. Lenôtre, und nach anderen Autoren nach Amerika.

Greives war einer der Männer, die die praktische Seite der Revolution erkannten. Da er zuerst von Mirabeau und dann von Marat geschützt wurde, riskierte er nicht viel, als er sich als Liquidator des Vermögens von Madame du Barry betätigte. Aber um seinen Bürgersinn zu beweisen, hatte er in Louveciennes einen Klub gegründet und siebzehn Personen guillotinieren lassen.

Châlier, der in Suze im Piemont geboren wurde, kam 1789 nach Paris und freundete sich mit Robespierre an. Er organisierte den Terror in Lyon, wo er etwa sechstausend Verdächtige guillotinieren ließ[201], obwohl es in der *Revue historique* vom Mai 1887 heißt: „Châlier, homme d'état français, n'a fait mort personne."

In einer seiner Reden hatte er gesagt: „Ein Sansculotte ist unverwundbar wie die Götter, die er auf der Erde vertritt." Dennoch wurde Châlier, als sich die Stadt Lyon gegen das Terrorregime auflehnte, am 16. Juli 1793 ebenfalls guillotiniert.

Sein Helfer in Lyon war Prinz Karl von Hessen gewesen, den Nodier mit einem sprachbegabten Tiger verglich.

Dieser Ausländer war in der französischen Armee dank des Schutzes von Ludwig XVI. schnell aufgestiegen. Als sich jedoch einige Höflinge in Versailles über seine Schwerfälligkeit lustig machten, erklärte er sich zur revolutionären Partei gegen die

---

[201] *Papiers de Robespierre*, Bd. II. Sybel: *Histoire de l'Europe*, Bd. II, S. 347.

Partei des Hofes.

In jeder Garnison, in der er sich aufhielt, denunzierte der Prinz von Hessen ständig seine Vorgesetzten, Kameraden und Untergebenen. Ein Mitglied der Kriegskommission erklärte während der Revolution: „Hesse ist der unermüdlichste Ankläger, aber er verschwindet immer, wenn es darum geht, Beweise zu liefern[202]." Als Feldmarschall im Jahr 1789 hielt er im Jakobinerklub Reden, in denen er alle Generäle und insbesondere Narbonne, Broglie, Dietrich und Montesquiou angriff. Er scheint von der okkulten Macht den Auftrag erhalten zu haben, die französischen Armeen zu desorganisieren.

Als der Krieg ausbricht, erklärt er sich für zu krank, um an die Grenze zu gehen, aber er ist nicht mehr krank, wenn es darum geht, an den Sitzungen des Jakobinerklubs teilzunehmen. Von Ludwig XVI. mit Wohltaten überschüttet, schreibt er an den Konvent, dass er den Tyrannen zum Tode verurteilen soll. Er redigiert die Zeitung „Les *Hommes libres*" und nach dem 10. August macht er es sich zur Gewohnheit, mit „Charles Hesse, Jacobin" zu unterschreiben.

Am 13. Oktober 1793 abgesetzt, wurde er bald darauf verhaftet. Nach seiner Rettung durch den 9. Thermidor versuchte er vergeblich, wieder in der Armee eingesetzt zu werden, erhielt aber eine Pension. Er arbeitete mit den fortschrittlichsten Zeitungen zusammen. Als er 1798 gegen das Direktorium opponierte, forderte die Polizei den Prinzen von Hessen auf, Frankreich zu verlassen. Sofort wird er krank, wie wenn es um das Kämpfen geht; dann lässt er sich vergessen. Am 18. Brumaire wurde er verhaftet, aber bald wieder freigelassen, verschwor sich mit ehemaligen Jakobinern und speiste mit Georges Cadoudal; diesmal wurde er drei Jahre lang auf der Île de Ré interniert. Im Jahr 1803 erreichte er, dass er aufgrund seiner Gesundheit an die

---

[202] Sybel: *Histoire de l'Europe*, Bd. I, S. 624.

deutsche Grenze zurückgebracht wurde. Er versöhnte sich daraufhin mit seiner Familie und erhielt eine Pension unter der Bedingung, dass er seine Geliebte nicht heiraten würde. Nach dem Ende des Kaiserreichs kehrte der Prinz von Hessen nach Paris zurück; die Polizei beeilte sich, ihn zum Gehen aufzufordern. Schließlich stirbt er 1821 in Frankfurt.[203]

Unter den Viveurs, die 1789 über alles lachten, weil sie fürchteten, darüber weinen zu müssen, ragte Prinz Friedrich von Salm Kirburg, der Bruder der Prinzessin von Hohenzollern, heraus. Er hatte zwischen dem Kai und der Rue de Lille den Palast errichten lassen, der heute die Kanzlei der Ehrenlegion ist.[204]

Als er zum Feldmarschall ernannt wurde, glänzte er weniger auf dem Schlachtfeld als in den Salons. Als er mit 8000 Mann in Utrecht war und von der Ankunft der Deutschen erfuhr, machte er sich sofort aus dem Staub und kehrte nach Paris zurück, um sich zu vergnügen. Der Prinz von Salm wurde von Lafayette zum Bataillonschef der Nationalgarde ernannt und machte sich durch seinen revolutionären Eifer lächerlich.[205]

Sein Palast war ein Treffpunkt für die fortschrittlichsten Meinungsbildner. Er konnte jedoch seine Geburt nicht vergessen machen und wurde als Aristokrat guillotiniert.

Dubuisson, ein mittelmäßiger Dichter und erfolgloser Autor, war belgischer Abstammung [206]. Als Mitglied des Aufstandskomitees der Pariser Kommune und Vizepräsident des

---

[203] Chuquet: *Ein Jakobinerprinz.* Sybel: *Histoire de l'Europe*, t. I.

[204] Das Hotel wurde nach der Verurteilung des Prinzen in die Lotterie gegeben und von einem Perückenmacherjungen, Lieuthraud, gekauft, der auch Käufer des Schlosses Bagatelle wurde.

[205] Fr. Masson. *Josephine de Beauharnais*, S. 186.

[206] *Memoiren von Durand de Maillane.* Taine: *Die Revolution* usw.

Jakobinerklubs gelang es ihm, einige seiner Stücke im Montansier-Theater aufführen zu lassen.

Als Abgesandter des Jakobinerklubs geht er mit zwei anderen Ausländern, Proly und Péreyra, zu Dumouriez, um Rechenschaft über seine Drohungen gegen den Konvent zu verlangen.

Robespierre zufolge haben Dubuisson und Proly unter der Maske des Sansculottismus ein System der Konterrevolution organisiert und englische, preußische und österreichische Bankiers zu ihren Komplizen gemacht. Dennoch gehörte Dubuisson zu den Ausländern, die 1793 in unserem Außenministerium beschäftigt waren. Er wurde mit einer geheimen Mission in der Schweiz betraut, wurde schließlich zusammen mit Hébert geächtet und 1794 guillotiniert.

Der Italiener Dufourny ist Mitglied des Revolutionskomitees der Kommune und Präsident im Departement von Paris. Er ist ein eifriger Besucher des Komitees für allgemeine Sicherheit und nimmt an allen Beratungen des Komitees für öffentliche Rettung teil. Sein Eifer erscheint seinen Kollegen sogar zwielichtig. Robespierre weist darauf hin, dass Dufourny am 31. Mai in das Aufstandskomitee eindrang; „als er sah, dass die Bewegung erfolgreich sein würde, suchte er nach Mitteln und Wegen, sie machtlos zu machen."

Dufourny war ein sehr aktives Mitglied der Cordeliers und der Jakobiner und wurde von Robespierre geächtet, weil er Danton verteidigte. Der 9. Thermidor rettete ihm das Leben; in der Folgezeit wurde er erneut als Agent des Auslands verhaftet und am 4. Brumaire an IV amnestiert. Er wurde Verwalter des Pulver- und Salpeterwesens.

François Robert [207], Journalist aus Lüttich, hatte Mlle de

---

[207] Er sollte nicht mit François Robert, einem französischen Geografen,

Kéralio geheiratet. Er war mit Danton befreundet, wurde von Madame Roland protegiert, war Mitglied des Jakobinerklubs und des Klubs der Cordeliers und wurde zum Abgeordneten von Paris gewählt. Die erste republikanische Gruppierung fand in seinem Salon statt. Als Redakteur des „*Mercure"* und der „*Révolutions de Paris"* bildete François Robert ein Zentralkomitee, um die Volksgesellschaften von Paris zu vereinen.

Aus Angst, 1791 verhaftet zu werden, versteckte er sich bei Roland; später erstellte er die Anklageschrift gegen den Haushalt, der ihm Gastfreundschaft gewährt hatte.

Auf Vorschlag von François Robert stimmt der Club des Cordeliers am 22. Juni 1792 für eine Adresse an die Nationalversammlung, in der er die Gründung der Republik fordert. Er unterstützt im Konvent, dass jeder Franzose das Recht hat, Ludwig XVI. zu ermorden.

Brissot hatte ihm eine Botschaft versprochen (Petersburg, Wien oder Warschau); der Einfluss von Dumouriez vereitelte diese bizarre Wahl. Um ihn zu entschädigen, nahm Danton ihn als Sekretär in das Justizministerium auf.

Als François Robert 1793 plötzlich reich wurde - man weiß nicht, auf welche Weise -, bezahlte er seine Schulden und gab luxuriöse Abendessen.

Er wurde in den Prozess des Revolutionskomitees für den Contrat social einbezogen und am 8. August 1795 verurteilt: I° zur staatsbürgerlichen Degradierung, 2° zwei Stunden lang an die Zwangsjacke gefesselt zu werden[208]. Danach war von François

---

verwechselt werden.

[208] Aulard: *Politische Geschichte der Französischen Revolution.* S. 86 f., 135 ff. Aulard: *Paris unter der Thermidorianischen Reaktion.* Aulard: *Études sur la Révolution* (3ᵉ Serie).

Robert nicht mehr die Rede. Er wurde 1816 ins Exil verbannt.

Joseph Gorani, ein berühmter Literat aus Mailand, war ein Freund von Voltaire und d'Holbach. Bereits im Jahr 1770 legte er in seiner *Abhandlung über den Despotismus* eindeutig revolutionäre Theorien dar. Er stand in Korrespondenz mit den wichtigsten Anführern der Bewegung von 1789 und schloss sich nach und nach den exaltiertesten Jakobinern an. Anfang 1792 ließ er sich in Paris nieder und schrieb in mehreren Zeitungen, insbesondere im *Moniteur,* heftige Artikel gegen Ludwig XVI. und Apologien der Revolution, die später in einem Band unter dem Titel *Lettres aux souverains sur la Révolution Française* zusammengefasst wurden.

Bailly beantragte für Gorani den Titel eines französischen Staatsbürgers aufgrund der Dienste, die er der Sache der Freiheit geleistet hatte. Dennoch hielt es Gorani nach dem 9. Thermidor für klüger, Frankreich zu verlassen. Er wurde jedoch von Erzherzog Ferdinand „wegen seines schlechten Benehmens in Paris" ins Exil geschickt und seines Besitzes beraubt; er flüchtete daraufhin nach Genf und machte nie wieder von sich reden.

Gorani hatte eine Befriedigung, die Literaten selten vergönnt ist: Da sich sein Tod 1804 herumgesprochen hatte, konnte er seine Trauerrede und einige Nachrufe lesen, in denen seine Werke gelobt wurden. Er starb nur fünfzehn Jahre später.

F. Ch. Laukhard, Sohn eines deutschen Pfarrers, der nacheinander Professor an der Universität Halle und Soldat war, verließ die deutsche Armee und trat in die Revolutionsarmee ein. In Lyon bildete sein Bataillon die Ehreneskorte bei der Guillotine. Laukhard wurde während der Schreckensherrschaft verhaftet und am 9. Thermidor wieder freigelassen. Er kehrte nach Deutschland zurück, meldete sich bei der Emigrantenarmee an, um zehn Louis zu erhalten, desertierte dann aber sofort und wurde wieder Professor. Er starb als Alkoholiker.

Der Italiener Buonarotti, der mit der Polizei seines Landes in Konflikt geraten war, ließ sich 1789 auf Korsika nieder. Wegen seiner revolutionären Schriften wurde er von dort ausgewiesen. Er kehrte 1792 als Kommissar der Exekutive beim Gericht in Corte zurück; die Gemeinde Toulon verlieh ihm ein Bürgerrechtszertifikat. Er war ein ausgezeichneter Musiker und behauptete, von Michelangelo abzustammen; wahrscheinlich war es die Freimaurerei, die ihn in das revolutionäre Milieu einführte. Als Mitglied des Jakobinerklubs war er einer der eifrigsten Gäste Robespierres, der ihn 1794 zum Kommissar des Konvents bei den Armeen in Italien ernannte.

Später gründete er mit Babeuf die Gesellschaft der Gleichen, die die Abschaffung des Eigentums vorschlug; das Direktorium, dessen Mitglieder gerade reich geworden waren, geriet in Aufruhr; Buonarotti wurde trotz des Schutzes von Carnot zusammen mit Babeuf verhaftet und auf die Insel Pelée bei Cherbourg, dann nach Oléron und schließlich nach Elba deportiert. 1806 erhielt er die Erlaubnis, sich unter Polizeiaufsicht in Genf niederzulassen; dort gründete er mit Marats Bruder die Freimaurerloge Les *Amis sincères*, die den Philadelphiern angegliedert war. Nach 1815 gründete er die Gruppe der *Sublimes Maîtres Parfaits (Erhabene Vollkommene Meister)*. Als er 1823 aus Genf ausgewiesen wurde, ging er nach Brüssel, um den Sozialismus zu predigen.

Nach 1830 kehrte Buonarotti nach Frankreich zurück und nahm aktiv an den revolutionären Agitationen teil. M. Mathiez betrachtet ihn als einen der Gründer der sozialistischen Partei in Frankreich.[209]

Der aus Turin stammende Cérutti war ein guter Freund von Mirabeau. Er arbeitete zusammen mit Rabaud St. Etienne am *„Feuille villageoise" (Dorfblatt)*. Er leistete der revolutionären

---

[209] A. Mathiez: *Études Robespierristes*, t. I. Robiquet: *Buonarotti*. Hamel: *Histoire de Robespierre*, S. 298 ff.

Sache so viele Dienste, dass die Straße, die heute Rue Laffitte heißt, nach ihm benannt wurde. Cérutti muss übrigens nicht sehr *blutrünstig* gewesen sein, wenn man seine Werke betrachtet: *Poëme sur le jeu des échecs, Apologie de l'Ordre des Jésuites, Oraison funèbre de Mirabeau* etc.

Der Venezolaner Miranda verdankte dem Schutz Englands seinen schnellen Aufstieg in der französischen Armee zu Beginn der Revolution: Pétion und Brissot gaben dies zu.

Er hatte sehr fortschrittliche Ansichten: Er war es, der seinen Oberbefehlshaber Dumouriez vor dem Konvent denunzierte. Seine Haltung in Neerwinde erschien mehreren Offizieren verdächtig und wurde als Hochverrat bezeichnet[210], ohne dass dafür ein Beweis erbracht werden konnte. Robespierre erklärte im April 1793: „Stengel, ein deutscher Aristokrat, und Miranda, ein spanischer Abenteurer, der von Pitt angestellt war, verrieten uns gleichzeitig in Aachen und Maastricht." Miranda wurde jedoch freigesprochen und mit Blumen gekrönt. Kurz darauf wurde er als Freund der Girondisten erneut verhaftet. Am 9. Thermidor wieder auf freien Fuß gesetzt, wurde er am 18. Fructidor geächtet und flüchtete nach England. Einige Zeit später fand man Miranda in Paris wieder; er wurde im Zusammenhang mit dem Attentat der „machine infernale" verhaftet. Sofort nach seiner Freilassung hielt er es für klüger, sich in Amerika niederzulassen. Als er unter dem Konsulat nach Paris zurückkehrte, wurde er von der Polizei als Agent von Pitt ausgewiesen. In Amerika gründete er eine Freimaurerloge, in der dieser Minister durch Miranda seine Ratschläge weitergab.

Salicetti denunzierte ihn als Agenten Englands; laut der Herzogin von Abrantès glaubte Napoleon Ier, dass er sowohl für

---

[210] *Mémoires de Thibaudeau*, T. I, S. 14. Siehe auch de Pradt: *Histoire de la Belgique (Geschichte Belgiens)*.

Spanien als auch für England spionierte.[211]

Miranda starb 1816 im Gefängnis in Cádiz.[212]

Friedrich Gentz, ein Autor revolutionärer Pamphlete, hatte seine Feder in den gut bezahlten Dienst Preußens, Englands und Österreichs gestellt. Im Alter von 60 Jahren verliebte er sich Hals über Kopf in Fanny Essler und seine Leidenschaft für die berühmte Künstlerin brachte Gentz eine gewisse Berühmtheit ein.[213]

Rebmann, ein deutscher Journalist, der den Illuminaten angehörte, ließ sich zu Beginn der Revolution in Paris nieder und trat in den Justizdienst ein.

Kann man Lebrun Tondu zu den Ausländern zählen? Das ist fraglich. Aus den Wörterbüchern wissen wir, dass Lebrun, ein französischer Staatsmann, in Noyon geboren wurde. Nur werden alle Ausländer, die an der Revolution teilgenommen haben, in der Regel als französische Staatsmänner bezeichnet. In Noyon ist es unmöglich, eine Spur von Lebruns Familie zu finden, und einige seiner Zeitgenossen bezeichneten ihn als Liégeois[214]. Er war abwechselnd Geistlicher, Soldat, Deserteur, Drucker, Hauslehrer in Belgien, Mathematiker und Journalist. Die Girondisten waren der Meinung, dass die Ausübung so vieler verschiedener Berufe eine gute Vorbereitung auf die Laufbahn eines Ministers sei; sie übertrugen ihm das Außenressort und später das Kriegsministerium.

Als er in Lüttich lebte, begann Lebrun Tondu erfolgreich mit

---

[211] *Mémoires de la Duchesse d'Abrantès, Bd.* I, S. 290.

[212] O'Kelly aus Galway: *Miranda.*

[213] André Beaunier: *Gesichter von Frauen.*

[214] Sybel: *History of Europe*, S. 445, T. I.

dem Journalismus und verhandelte mit der österreichischen Regierung, die ihm anbot, ihn für 100 Pistolen pro Jahr zu bezahlen. Lebrun weigerte sich jedoch edelmütig, seine Feder für weniger als 100 Louis pro Jahr zu verkaufen[215]. Als er einmal an der Macht war, zeigte er sich eher gemäßigt, verschwor sich mit Dumouriez und versuchte, Ludwig XVI. zu retten. Wurde er deswegen im Dezember 1793 guillotiniert, oder weil er Desfieux damit beauftragte, die Depeschen der Jakobiner abzufangen[216]. Die Geschichte gibt darüber keine Auskunft.

Kann man auch Hassenfratz, der von mehreren Autoren als deutscher Chemiker bezeichnet wird, als Franzose betrachten[217]? Hassenfratz, einer der gewalttätigsten Mitglieder der Kommune, war der erste Kommis von Kriegsminister Pache; er hatte früher unter einem anderen Namen Konkurs gemacht. Als er zum Armeelieferanten ernannt wurde, konnte er so seine Finanzen wieder in Ordnung bringen.

Hassenfratz leitete das *Journal des Sciences;* unter dem Kaiserreich wurde er Professor an der École polytechnique.

J. Conrad de Cock, Redakteur des *Sansculotte Batave,* hat zwei Wohnsitze, wenn man Holland nicht mitzählt; in Passy ist er Aristokrat und gibt Abendessen, bei denen Wein getrunken wird, der angeblich von der englischen Regierung gestiftet wurde. Im Zentrum von Paris ist er Revolutionär und gehört zu Héberts Sektion. Er wurde während der Schreckensherrschaft guillotiniert und hinterließ einen Sohn, der noch berühmter war als er, Paul de Cock, der behauptet, er habe seine Mutter im Alter von zehn Monaten gerettet, als er Fouquier Tinville anlächelte[218].

---

[215] *Korrespondenz von W. A. Miles*, S. 34.

[216] Siehe oben, Seite 100.

[217] Unter anderem Reichardt: *Un Prussien en France*, S. 190.

[218] Leroux Cesbron: *Gens et choses d'autrefois.*

Aber Paul de Cock hatte viel Fantasie!

Westermann versichert, dass Conrad de Cock und seine Freunde 420.000 Pfund für die Sache der Freiheit geopfert haben.

Der deutsche Schuhmacher Wilcheritz, ein Freund Robespierres, ist Verwalter des Luxemburg-Gefängnisses; da er ständig betrunken war, wurde er nach dem 9. Thermidor guillotiniert.

Es war wieder ein Deutscher, der 1789 bei der Plünderung des Straßburger Rathauses den Vorsitz führte[219]: Chrétien Vollmar, Sohn des Kutschers des Kurfürsten von Mainz, sprang als Erster in die vom Aufruhr eroberte Zitadelle. Die Polizei beschlagnahmte am 8. Januar 1790 eine große Anzahl von aufrührerischen Broschüren bei ihm.

Der Neapolitaner Pio, ein ehemaliger Geschäftsträger des Königs von Sizilien, arbeitet für das *Journal de la Montagne und* ist im Rathaus als „Kommissar für die Papiere der Emigranten" angestellt. Danach leitete er das Passbüro, was in Zeiten der Proskription sehr lukrativ war. Schließlich trat er in das Außenministerium ein. Pio thronte im Club der Guten Kinder. Laut Nicolas de Bonneville erhielt er Geld von ausländischen Höfen und inspirierte Marats Artikel und Robespierres Reden.[220]

Ein Holländer, Pastor Maron, ein Freund Ronsins, weiht dem Vaterland den protestantischen Tempel in Paris.

Der Belgier Gœmars denunziert Monarchisten beim Allgemeinen Sicherheitsausschuss.

Der Amerikaner Smith wird vom Komitee des öffentlichen

---

[219] *Historische Zeitschrift.* Dezember 1915. (Artikel von Herrn R. Reuss.)

[220] A. Mathiez: *Die Revolution und die Ausländer*, Seite 134.

Heils mit einem Finanzauftrag nach Basel geschickt.

Sein Mitbürger Oswald verlässt zu Beginn der Revolution seine junge Frau, um in Frankreich unter der Fahne der Freiheit zu kämpfen, schreibt zahlreiche revolutionäre Broschüren in Vers und Prosa. Er wurde zum Oberst der Artillerie ernannt und auf Empfehlung von Paine mit einer geheimen Mission in Irland beauftragt[221]. Oswald war einer der Gründer der *Chronique du Mois, einer* Zeitung der Girondisten. Während eines Aufenthalts in Indien war er zum Buddhismus konvertiert; er gab vegetarische Abendessen, die die Pariser in Erstaunen versetzten.

Der Deutsche Creutz, besser bekannt unter dem Namen Curtius, hatte ein Museum für Wachsfiguren gegründet, das von der eleganten Gesellschaft häufig besucht wurde. Curtius ist unter den Siegern der Bastille aufgeführt.

Der Bürgermeister Fleuriol stammte aus Brüssel. J.-Ch-F. Hoffmann, der in Kosteim bei Mainz geboren wurde, wurde Oberstleutnant in unserer Nationalgarde. Der Schweizer P.-E.-J. de Rivaz war ebenfalls Oberstleutnant. Der Genueser F.-I. Sauter wurde 1793 zum General ernannt.[222]

Der Schlesier E. Oelsner, ein Vertrauter von Sieyès und mit den Führern der Verfassungsgebenden Versammlung verbunden, war der Korrespondent von Archenholz' *Minerva*[223]. Sein Freund Halem, der aus Deutschland stammte, ließ sich 1790 in Frankreich nieder und besuchte die Versammlungen der Jakobiner und des Cercle social. Sein Mitbürger Professor I.-H. Campe ließ sich nach dem 14. Juli in Paris nieder und gab die Leitung des Philanthropinum in Dessau, einer berühmten

---

[221] *Archiv des Auswärtigen Amtes.* London, V. 587.

[222] G. Dumont: *Bataillone der nationalen Freiwilligen im Jahr 1791.*

[223] *Revolutionäre Annalen.* April 1918. Albert Mathiez: *Les pèlerins de la liberté (Die Pilger der Freiheit).*

Bildungseinrichtung, auf. Er zog seinen Schüler Wilhelm von Humbolt mit sich und schrieb eine begeisterte Laudatio auf die Französische Revolution.

Der Schweizer Devalot zahlt 6.000 Pfund für die revolutionäre Bewegung. Die namhaften Genfer bieten der Konstituante 900.000 an.

Während der englische Dichter Wordsworth die Clubs besuchte, richtete sein Landsmann Astley auf dem Boulevard du Temple ein Pferdeamphitheater ein. Der Bal des Chaumières gehörte dem Engländer Tinkson.

Der Komponist Reichardt, Direktor der Berliner Oper, kam 1791 und 1792 nach Paris und bezeugte seine Bewunderung für die revolutionäre Bewegung.

Der Bayer Merck, Leutnant in der österreichischen Armee, wechselt im November 1792 in die französische Armee. Der Amerikaner J.-K. Eustace kämpft in den Vendée-Kriegen und erlangt den Rang eines Feldmarschalls. Der Spanier Marchena arbeitet mit Marat zusammen, verschwört sich mit Miranda und wechselt dann auf die royalistische Seite, nachdem er mit seinem Landsmann Hevia, einem ehemaligen Botschaftssekretär, in der Girondistenpropaganda gearbeitet hatte.

Prinz Stroganof arbeitet unter dem Namen Otcher an der Revolution mit. Als Sekretär des Klubs der *Gesetzesfreunde* nahm er an den Sitzungen der Jakobiner teil[224]...

Jaubert, ein belgischer Offizier im Dienste Österreichs, tritt in die Revolutionspolizei ein. Er denunziert unter anderem seinen Landsmann, den Bankier Herries, der bei Pitt in Paris angestellt

---

[224] A. Mathiez: *La Révolution et les étrangers (Die Revolution und die Ausländer)*, S. 28.

war. Er behauptet, dass es durch eine Durchsuchung der Bankiers Walkiers und Langendongue in Brüssel leicht möglich wäre, ihre Beziehungen zur englischen Regierung zu beweisen.

Die Deutschen Cotta, Dorsch, G. Kerner, Wedekind usw. treffen sich in der Rue de la Jussienne unter dem Vorsitz des Forschers G. Forster, um Politik zu machen. Der Genueser Grenus, ein Freund von Proly, steht in Korrespondenz mit den Agenten der österreichischen Regierung. Graf Poroni, der aus Italien gekommen war, um in Paris revolutionäre Propaganda zu betreiben, wurde beim Konvent als Agent des Auslands denunziert; daraufhin verschwand er plötzlich und kehrte in sein Land zurück.

Sein Mitbürger Marino, ein Polizeibeamter der Kommune, war „von einem wahren Blutdurst beseelt [225]." Er wurde zusammen mit Hébert und Dobsen verhaftet.

War es Zufall, dass sich in Paris so viele Ausländer versammelten, die die Form der französischen Regierung ändern wollten? Oder steckt dahinter nicht ein Plan, der von einer okkulten Macht geschickt organisiert wurde? Unter dem Befehl intelligenter Führer manövrieren obskure Söldner. Wir erinnern uns an die führende Rolle, die das Bataillon Marseillais beim Angriff auf die Tuilerien spielte. Bestand es, wie Herr Aulard schreibt, aus jungen Leuten aus guten Familien? Wenn man nach seiner Haltung und seinen Taten urteilt, ist das ziemlich unwahrscheinlich. Taine, Blanc Gilly, L. Lautard usw. behaupten, dass dieses Bataillon 516 Abenteurer umfasste, die einer nach dem anderen aussortiert wurden, Spanier, Italiener, Levantiner, deren Bürgermeister Mouraille froh war, das Pflaster von Marseille zu erleichtern. Zur selben Zeit reiste Peyron nach Genf, um die zwölf berüchtigtsten Terroristen dieser Republik

---

[225] A. Schmidt: *Paris während der Revolution,* nach den Berichten der Geheimpolizei.

anzuwerben und sie nach Paris zu bringen[226]. Nachdem sie ihr Werk vollbracht hatten, wollte man am 10. August diese schrecklichen Soldaten an die Grenze schicken, aber sie erklärten, dass sie lieber nach Marseille zurückkehren wollten. Angesichts dieses Mutes ließ der Ministerrat ihnen Glückwünsche für ihren Patriotismus und ihre Tapferkeit aussprechen (Sitzung vom 14. September 1792).

Im Vendée-Krieg enthielten die republikanischen Armeen eine große Zahl von „Belgiern, Batavern, Negern und Abenteurern, die wegen Verbrechen aus ihren Ländern vertrieben worden waren[227]." In Nantes bestand 1793 die Truppe der sogenannten amerikanischen Husaren aus Negern und Mulatten. Man gibt ihnen die Frauen zur Erschießung und sie benutzen sie zuvor zu ihrem Vergnügen. In der Vendée erschießt die Germanische Legion die Frauen in Gruppen von fünfundzwanzig und gibt ihnen mit Kolbenhieben den Rest[228]. Die Regierung der Republik befürchtete, dass sie für eine solche Arbeit keine Franzosen finden würde!

In Quiberon weigerten sich die republikanischen Soldaten laut Allonvilles geheimen Memoiren, die unbewaffneten Gefangenen zu erschießen, denen sie ihr Leben versprochen hatten. Daraufhin wurden Belgier herangezogen.[229]

Ist es nicht tröstlich für die Franzosen aller Parteien, dass sie die meisten Verbrechen, die die Revolution entehren, auf Ausländer abwälzen können?

Eine Reihe von Polizisten hatte den Job von „Schafen", d. h.

---

[226] General Danican: *Die entlarvten Räuber.*

[227] *Mémoires de Puisaye*, S. 411.

[228] Taine: *La Révolution Française*, Bd. III, S. 376 ff.

[229] L. Gastinne: *Die schöne Tallien.*

sie spielten in den Gefängnissen die Rolle von agents provocateurs und brachten die Gefangenen zum Plaudern, um sie dann zu denunzieren. Dieser Beruf wurde in der Regel Ausländern übertragen.[230]

Diese besetzten nicht nur die Tribünen unserer Versammlungen, sondern mischten sich auch unter die Abgeordneten, so dass man sich fragte, ob sie nicht gleichzeitig mit ihnen abstimmten. Als Malouet einmal den Ausschluss der Öffentlichkeit für wichtige Beratungen vorschlug, antwortete Volney:

„Ausländer haben das Recht, alles zu sehen und alles zu hören, damit sie beurteilen können, ob wir unserem Mandat treu bleiben."

Ende September 1790 erhielten die Ausländer den Befehl, sich aus der Versammlung zurückzuziehen, aber sie fanden Wege, nicht immer zu gehorchen.

Die Regierung war im Übrigen selbst von Ausländern überrannt worden. Während der Terror in Paris von dem Schweizer Marat, in Lyon von dem Italiener Châlier und in Straßburg von dem Deutschen Schneider organisiert wurde, besetzten Schweizer das Kriegsministerium, das Pariser Rathaus und das Finanzministerium. Als Pache an der Macht war, gründete er das Einkaufsdirektorium, das für alle militärischen Lieferungen zuständig war; die Direktoren waren der Schweizer Bidermann und Marx Beer, der Sohn eines für seine Betrügereien bekannten Juden. Die Agenten waren Simon Pick und Mosselniann (aus Brüssel), Perlan und Carpentier (aus Ostende) und die Brüder Cerf Beer. Dies war der Beginn der Desorganisation der Armee. Da einige Kritiker meine Beweise für diese Desorganisation (in der Geschichte von General

---

[230] *Memoiren von Mlle de Coigny* (Einleitung).

Dumouriez) in Frage gestellt haben, weise ich sie auf den kürzlich erschienenen Band von M. A. Chuquet über Dumouriez hin.[231]

Der Schweizer Castella war damals in den Büros des Kriegsministeriums; sein Landsmann Niquille war Commis des Komitees für allgemeine Sicherheit.

Der Außenminister nannte sich Franzose, aber viele Leute beschuldigten ihn, Belgier zu sein; jedenfalls waren unter unseren Diplomaten 1794 der englische Spion Baldwin, der italienische Betrüger Rotondo, der Preuße Forster, die Schweizer Jeanneret und Schweitzer, der Engländer Thomas Christie, der Belgier Dubuisson, der Amerikaner Oswald, der Deutsche Reinhard, der Schweizer J.-I. Clavière (aus Genf), der Bruder des Finanzministers, der Preuße Cloots, der Österreicher Proly. Der Belgier Robert hätte ohne die Proteste von Dumouriez die Botschaft in Wien oder Petersburg erhalten. Pereira erhielt im Brumaire Jahr II einen Auftrag des Außenministeriums in Nordfrankreich.

Der Genueser Bidermann war Schatzmeister des Außenministeriums. Glücklicherweise war der Einführer der Botschafter ein Franzose, Pigeot, ein ehemaliger Notar, der einst zu zwanzig Jahren Zwangsarbeit verurteilt worden war.

Die ausländischen Revolutionäre waren übrigens so sehr in Paris zu Hause, dass sie sich schließlich einbildeten, Franzosen zu sein. Marat sagte einmal zu General Ward: „Die Franzosen sind verrückt, weil sie Ausländer bei sich leben lassen; man sollte ihnen die Ohren abschneiden, sie ein paar Tage bluten lassen und ihnen dann den Kopf abschlagen[232]." Daraufhin wies General Ward ihn schüchtern darauf hin, dass er, Marat, selbst Ausländer

---

[231] A. Chuquet: *Dumouriez*, S. 150 ff.

[232] Conway: *Paine (Rabbe* 1900), S. 277.

sei.

Die Mehrheit der französischen Politiker hatte Verbindungen zu dem kosmopolitischen Syndikat, das die Ereignisse anführte. So war Chabot eine Marionette, für die die Spione Emmanuel und Junius Frey die Fäden in der Hand hielten. Brissot, der jedem in London Geld schuldet, schreibt für den *Courrier de l'Europe, der* dem Engländer Swinton gehört. Rewbel ist der Geschäftsmann von zwei deutschen Prinzen. Basire hat Frau d'Aelders, eine Geheimagentin der preußischen Regierung, zur Geliebten. Noël, ein Freund Dantons und Generalinspektor für das öffentliche Unterrichtswesen, ist Schwiegersohn eines belgischen Bankiers. Drouin ist Agent des Prinzen von Wittemberg. Hérault de Séchelles ist der Liebhaber der Schwester eines österreichischen Offiziers und verrät zugunsten Österreichs die Geheimnisse des Comité de Salut public[233]. Westermann, der zweimal wegen Diebstahls aus Paris vertrieben worden war, gilt als von der preußischen Regierung gekauft[234]. Soulavie, diplomatischer Agent in der Schweiz, schrieb an Robespierre, dass ein „sehr guter Patriot Kellermann als an den Kaiser verkauft meldet[235]."

Rabaut St-Etienne gab zu, dass die Jakobiner unter ausländischem Einfluss standen. Er schrieb zur Zeit des Massakers auf dem Champ de Mars: „Es lässt sich nicht verbergen, dass Geld verschüttet wurde und dass der

---

[233] *Anmerkungen von Robespierre zum Bericht von St. Just. Hamel: Robespierre,* T. III, S. 453.

[234] L. Madelin: *Die Revolution.* Siehe Sitzung des Konvents, 23. Dezember 1792. Biré: *Journal d'un bourgeois de Paris (Tagebuch eines Pariser Bürgers),* T. II, S. 126.

[235] *Papiere von Robespierre.* Buchez und Roux, T. XXXV, S. 383.

aufrührerische Einfluss von außen kam[236]."

Robespierre beschuldigte Lebrun Tondu, an Österreich verkauft zu sein, während Brissot an England verkauft wurde. Aber das Comité de Salut public beschuldigte so viele Personen, dass es sich manchmal irren musste. So findet man eine Erklärung, in der behauptet wird, dass Hoche ein Verräter sei. Diese Denunziation war von Collot d'Herbois, Robespierre, Carnot, Billaud-Varenne und Barère unterzeichnet.

Die Annales révolutionnaires vom Juli 1914 berichteten über eine mit genauen Details versehene Anklage gegen den Konventsmitglied Antoine Guerber; Gugenthal, ein ehemaliger preußischer Offizier, der in den Dienst Frankreichs getreten war, behauptete, Guerber habe Briefe an Professor Weber in Straßburg geschickt, die für die Generäle Wurmser und Kalgstein bestimmt waren; so seien Preußen und Österreicher über alles, was im Konvent vor sich ging, auf dem Laufenden gehalten worden. Vadier, Vorsitzender des Konvents und des Komitees für allgemeine Sicherheit, behauptete, Fabre d'Églantine sei Pitts Hauptagent.[237]

Wir werden im Folgenden auf diesen Punkt zurückkommen.

---

[236] *Korrespondenz von Rabaut St-Étienne. Französische Revolution*, Band XXXV. Brief vom 17. Juli 1791. A. Mathiez: *La Révolution et les étrangers*, S. 121.

[237] A. Tournier: *Vadier, Vorsitzender des Komitees für allgemeine Sicherheit*, S. 110.

KAPITEL VII

ÖSTERREICH

1789 waren Frankreich und Österreich verbündet; doch während die Herrscherfamilien freundschaftliche Beziehungen unterhielten, waren die österreichischen Staatsmänner antifranzösisch eingestellt. Frankreich, am „Untergang der Monarchie", war ein Hindernis für die Pläne fast aller Mächte, insbesondere für die Aufteilung Polens. Kaunitz, der unser Land hasste, war laut Herrn Gustave Bord der Befürworter des Bündnisses, weil er „hoffte, allein im Profil Österreichs davon zu profitieren". Sein Nachfolger Thugut hatte einen blinden Hass auf Frankreich[238]."

Der Tod von Joseph II. lockerte die Bande zwischen den beiden Monarchien. Mercy Argenteau schrieb an Kaunitz[239]: „Der neue Monarch und die Königin kennen sich fast nicht, und sie haben immer ziemlich wenig Neigung füreinander markiert." In der Tat hatte Marie Antoinette ihren Bruder seit ihrem zehnten Lebensjahr nicht mehr gesehen.

1789 scheint Österreich der revolutionären Bewegung völlig fremd zu sein; der einzige Österreicher, der aktiv an den Ereignissen teilnimmt, ist der natürliche Sohn von Kaunitz, Graf

---

[238] G. Bord: *Autour du Temple, Bd.* I, S. 134 ff.

[239] 10. März 1790.

Proly (oder Prohli) [240] . Die Freys sind eher Israeliten als Österreicher, und ihre Rolle würde sich durch die Freimaurerei erklären lassen. Dennoch ist es so gut wie erwiesen, dass sie Spione im Dienste Österreichs waren; wahrscheinlich wurden sie auch von Preußen bestochen.[241]

Zu Beginn der Unruhen, die von England und Preußen geschürt wurden, wie wir im Folgenden beweisen werden, konnte die österreichische Politik kaum revolutionär sein. Mercy Argenteau war empört über die Kampagne gegen Marie Antoinette. Er schrieb: „Man kann die Ursachen für die Raserei, die sich der Geister gegen die Königin bemächtigt hat, nicht benennen. Die Absurditäten, die man ihr unterstellt und die dem gesunden Menschenverstand widerstreben, können nicht die einzigen Gründe dafür sein. Es muss eine geheime Kabale gewesen sein, die dazu Anlass gab."

Bald darauf wies Mercy Argenteau den Kaiser darauf hin, dass Frankreich, das mit seinen inneren Zwistigkeiten beschäftigt war, nicht mehr lange in der Lage sein würde, sich in die Angelegenheiten Europas einzumischen. Die österreichische Regierung blieb nur deshalb Ludwigs Verbündeter, um in Polen und in der Türkei freie Hand zu haben. In Wien hieß es, dass der Kaiser, wenn er seiner Neigung folgte, „zehntausend Mann für eine demokratische Armee und ebenso viele für eine aristokratische Armee bereitstellen würde[242]."

Doch 1792 wurde das Bündnis gebrochen und der Krieg erklärt. Von da an wollte Österreich die königliche Familie retten und vor allem den revolutionären Herd ersticken, der auf die Nachbarländer übergreifen könnte. Mercy, der immer ein Freund Frankreichs gewesen war, verfasste einen

---

[240] Sein Name wird manchmal auch als Proli geschrieben.

[241] Vicomte de Bonald, F. Chabot: *Archives nationales, F. 7, 4637.*

[242] *Archiv für Auswärtige Angelegenheiten*, Wien, v. 362.

Zerstückelungsentwurf, in dem der Anteil Österreichs wie folgt aussah: Wir würden die Niederlande bis zur Somme ausdehnen. Von den Quellen dieses Flusses würde die Grenze bei Sedan oder Mézières auf die Maas treffen. Das Elsass und Lothringen würden an das Kaiserreich zurückfallen. Frankreich wäre „für den Rest der Jahrhunderte machtlos"[243].

Die Verschlimmerung unserer Unordnung diente also den Plänen des Wiener Kabinetts und es förderte sie, wenn auch mit weniger Aktivität als Preußen und England.

Die Rolle von Proly, dem unehelichen Sohn von Kaunitz[244], bleibt ziemlich rätselhaft: Warum ließ er sich wie so viele Ausländer 1789 in Paris nieder und verkehrte mit den wichtigsten Jakobinern[245] ? Zunächst bei den Freys untergebracht, drang Proly in die Komitees ein, arbeitete mit Barère und Hérault de Séchelles zusammen und gab seinen Rat in den Büros des Außenministers[246]. Als Berater von Lebrun Tondu wird er von diesem mit verschiedenen diplomatischen Missionen betraut. Er gründet etwa fünfzig Volksklubs. Robespierre sagte im Jakobinerklub (November 1793): „Prolys Ziel ist es, alles umzuwälzen und die Jakobiner zu verlieren. Er ist uneinnehmbar wie seine Hauptkomplizen, die vor allem englische, preußische und österreichische Bankiers sind".

Nachdem er an der Börse einige glückliche Spekulationen getätigt hatte, führte Proly ein fröhliches Leben. Nach dem Tod von Ludwig XVI. wandte er sich den Konterrevolutionären zu. Nachdem er durch den Grafen de Champgrand, einen

---

[243] *Korrespondenz von Mercy Argenteau, veröffentlicht von Flammermont. Briefe an Thugut*, 15. Juni und 12. Juli 1793.

[244] Seine Mutter war eine Cousine ersten Grades von Anarchasis Cloots.

[245] Daraufhin gründete er eine Zeitung, den *Cosmopolite*.

[246] Buchez und Roux: *Histoire parlementaire*, t. XXXI, S. 375 ff. Avenel: *Anarchasis Cloots*.

Lustgenossen, die Bekanntschaft von Jean de Batz gemacht hatte, schloss sich Proly der Bande des berühmten Verschwörers an. Er täuschte daraufhin mit Champgrand einen Handel mit Gemälden vor. Dennoch wurde Proly im März 1793, als Dumouriez den Konvent zu bedrohen begann, zusammen mit Pereyra und Dubuisson losgeschickt, um den General für sein Verhalten zur Rechenschaft zu ziehen. Marat erklärt, dass er sich um das Vaterland verdient gemacht habe. Aber am 9. November des Jahres II wird Proly verhaftet. Zu Hause unempfindlich, verbrachte er seine Abende mit Spielen bei Madame de Ste-Amaranthe.

„Die genaueste Durchsuchung wurde in diesem Haus vorgenommen, sagten die Beamten des Komitees der öffentlichen Rettung; wir haben dort nichts gefunden, was mit unserer Mission in Verbindung steht. Die Bürgerin Ste-Amaranthe hat erklärt, dass sie Proly weder direkt noch indirekt kannte[247]." Die Wohnung in der Rue des Fille St-Thomas, die Desfieux an Proly ausgeliehen oder vermietet hatte, wurde versiegelt. Am 18. Nivôse stimmte das Überwachungskomitee für 200 Livres, um die Kosten zu decken, die durch die Suche nach dem Komplizen von Batz entstanden waren. Nach langen Verfolgungen entdeckten zwei Mitglieder des Suchausschusses, die am 30. Pluviose in die Au berge du Petit-Cerf in Vandereau (Seine-et-Oise) gegangen waren, um sich zu erfrischen, Proly, der sich als Koch verkleidet hatte. Der Sohn von Kaunitz wurde sofort verhaftet und in das Gefängnis von La Force gebracht. Hérault de Séchelles forderte unter Tränen die Freiheit seines Komplizen; Proly, der angeblich von Hérault de Séchelles über alles, was im Comité de Salut public[248] vor sich ging, informiert wurde, gab die Nachrichten an die österreichische Regierung weiter.

---

[247] *Nationalarchiv,* F. 7, 2774.

[248] Hamel: *Histoire de Robespierre,* S. 453.

Seine Intervention scheiterte, aber Collot d'Herbais war geschickter und erreichte, dass die englischen Agenten Proly, Desfieux und Rutledge freigelassen wurden (Oktober 1793)[249]. Proly wurde einige Monate später ein zweites Mal verhaftet und am 24. März 1794 zum Tode verurteilt.

Das Nationalarchiv bewahrte sorgfältig die Bordereaux auf, die Prolys Spekulationen mit Aktien am Roten Meer, der Indiengesellschaft usw. feststellten, aber von seiner politischen Korrespondenz ist keine Spur übrig geblieben.

Die Verhandlungen der österreichischen Regierung mit Dumouriez während des Belgienfeldzugs sind hinreichend bekannt. Der Wiener Hof nahm später durch die Vermittlung Montgaillards geheime Verhandlungen mit Robespierre auf. Die Papiere von Barthélemy belegen dies, geben aber keine Einzelheiten preis[250]. Was Montgaillards Memoiren betrifft, so sind sie etwas verdächtig, da sie manchmal die Wahrheit verfälschen. Es gibt jedoch Grund zu der Annahme, dass Mongaillard Robespierres Bevollmächtigter war, als er im April 1794 von Franz II. empfangen wurde. Herr Cl. de Lacroix[251] merkte an, dass es „sehr mächtiger Gründe bedurfte, um den Kaiser zu bestimmen, eine Person zu empfangen, deren Rang und Herkunft ihm verdächtig erscheinen musste." Ungefähr zur gleichen Zeit trat der Unbestechliche mit den Abgesandten Ludwigs XVIII. in Verbindung[252]. Vielleicht gibt es einen Zusammenhang zwischen diesen verschiedenen Verhandlungen.

---

[249] A. Mathiez: *War Hérault de Séchelles ein Dantonist. (Annales révolutionnaires,* Juli 1914).

[250] *Brief von Barthélemy an Buchot,* 30. August 1794.

[251] *Erinnerungen* des *Comte de Montgaillard,* veröffentlicht von Cl. de LACROIX.

[252] *Revue de la Révolution (Zeitschrift der Revolution).* 1888, p. 194. Artikel von M. G. BORD.

Nach dem Tod Ludwigs XVI. machte Österreich im Kampf gegen die Revolution gemeinsame Sache mit Europa. Aus den Vertraulichkeiten Hirsingers und der Korrespondenz von Jeanneret, dem diplomatischen Agenten in der Schweiz, ergibt sich der Beweis, dass das Wiener Kabinett in Frankreich „so geschickte Männer hat, dass man sie für die eifrigsten Republikaner hält. Von Übertreibung zu Übertreibung wird man zum Ziel gelangen, das darin besteht, den Konvent durch das Volk und durch sich selbst zu zerstören, indem man ihn spaltet. Man hat die Konstitutionellen durch die Girondisten zerstört, dann hat man den Untergang der Girondisten vorangetrieben. Um diese Partei und die Partei Orleans' zu zerschlagen, hat das Kabinett in Wien die erstaunlichsten Opfer gebracht"[253].

Das ist genau die Taktik, die Jean de Batz angewandt hat.

Minister Thugut sagte: „Wesentlich ist, dass es in Frankreich Parteien gibt, die sich gegenseitig bekämpfen und schwächen"[254].

Zusammenfassend lässt sich sagen, dass Österreich nicht zu den verborgenen Urhebern der Französischen Revolution gezählt werden darf; es arbeitet jedoch aktiv an der Gegenrevolution. Es ist jedoch erlaubt, sich über seine Gleichgültigkeit gegenüber den unglücklichen Gefangenen des Tempels zu wundern.[255]

---

[253] *Papiere von Barthélemy. Brief von Jeanneret an Deforgues.* 19. Februar 1794.

[254] Sorel, Bd. III, S. 329.

[255] Siehe zu diesem Punkt: Ménard: *Histoire du Directoire* und Comte d'Hérisson: *Autour d'une Révolution.*

KAPITEL VIII

DIE PRUSSISCHE

Die Franzosen haben sich oft Illusionen über die Gefühle Europas ihnen gegenüber gemacht: Sie glaubten, bewundert und geliebt zu werden, wenn sie nur neidisch waren. Die Begeisterung unserer Philosophen für Preußen im 18.e Jahrhundert war das Ergebnis einer dieser Illusionen. Friedrich II. schmeichelte ihnen, weil sie die von Europa gewünschte Revolution vorbereiteten.

Das Bündnis der beiden großen katholischen Nationen verärgerte die protestantischen Mächte. Preußen wollte sich in Deutschland vergrößern und plante die Aufteilung des von Frankreich geschützten Polens. Als es sich in unsere Angelegenheiten einmischte, hatte es vielleicht noch ein drittes Ziel: die Ersetzung Ludwigs XVI. durch den Herzog von Braunschweig.

Das Berliner Kabinett war der Ansicht, dass der einfachste Weg, Frankreich mit Österreich zu entzweien, darin bestand, die Meinung in Paris gegen Marie Antoinette aufzubringen. Diese Rolle wurde dem Juden Ephraim anvertraut, auf den wir später noch näher eingehen werden. Wie der Marquis de Moustiers bemerkte, stand hinter Éphraïm der Botschafter Von der Goltz, den Mirabeau als „feinsinnig, listig, sehr persönlich und habgierig; Geld ist seine vorherrschende Leidenschaft" bezeichnete.

Bereits mehrere Jahre vor der Revolution hatte Vergennes Ludwig XVI. gewarnt, dass Baron de Goltz der Chef der preußischen Spionage war. Goltz, der von seinem Herrscher damit beauftragt worden war, den Haushalt Ludwigs XVI. zu zerrütten, hatte erfolglos versucht, dem König eine Mätresse zu verschaffen[256]. Nachdem er mit dieser Verhandlung gescheitert war, heizte er die Stimmung gegen Marie Antoinette an, subventionierte in Paris revolutionäre Zeitungen und verteilte Geld an französische Politiker.[257]

Die Freimaurerei hatte den Boden für die Annahme des deutschen Einflusses bereitet. Im Jahr 1789 war die Bewegung gut angelaufen und die Gemüter gegen „die Österreicher" aufgeheizt. Am Tag nach der Erstürmung der Bastille durch Banden, die größtenteils aus Deutschen bestanden, betrachtete Von der Goltz den 14. Juli als einen Sieg Preußens[258]. Von Zeit zu Zeit schickt er die von ihm bezahlten Artikel nach Berlin in die Zeitungen, die die neuen Ideen unterstützen, und beweist, dass „Preußen dank seiner großzügigen Diplomatie als der beste Beschützer der Revolution angesehen werden kann"[259]. Camille Desmoulins behauptete in der Geschichte der Brissotins, dass die rechte Seite des Konvents von einem anglo-preußischen Komitee geleitet wurde. Er wies auf folgende Behauptung von Phélippeaux hin: „Les dépenses du roi de Prusse l'année dernière (1792), comptent six millions d'écus pour corruptions en France" (Die Ausgaben des Königs von Preußen im letzten Jahr (1792) zählen sechs Millionen Ecu für Korruptionen in Frankreich).[260]

---

[256] P. d'ESTRÉE: *Der Großmeister der Spionage. (Nouvelle Revue,* 15. Februar 1918).

[257] *Nationalarchiv,* A. F" 45.

[258] *Correspondance de Von der Goltz,* herausgegeben *von* Flammermont, S. 130.

[259] Siehe den Artikel von M. G. Gautherot in L'*Univers* vom 4. November 1913.

[260] Buchez und Roux. *Histoire parlementaire,* Bd. XXVI, S. 289.

Barère sagte auch vor dem Konvent „Die Bewegung, von der wir bedroht sind, gehört London, Madrid, Berlin"[261].

Die Agenten Preußens schienen viel weniger zahlreich zu sein als die Englands; nur zwei spielten eine wichtige Rolle, Ephraim und Anacharsis Cloots; letzterer behauptete übrigens, mit seinem Land zerstritten zu sein.

Ephraim zentralisierte die gesamte Verschwörung gegen Marie Antoinette; er lancierte die ersten Pamphlete gegen sie, nachdem er erfolgreich an der Halsbandaffäre mitgewirkt hatte. Als Agent der Freimaurer Rose Croix war er durch den Botschafter Von der Goltz in die politische Welt Frankreichs eingeführt worden, der ihn den Konstitutionellen und später den Girondisten vorstellte. Nach und nach freundete sich Ephraim mit Marat, St-Huruge, Carra, Rotondo und Gorsas an; er besuchte die Klubs und trat dort äußerst gewalttätig auf. „Ich habe ungefähr die Gewissheit, dass er Geld verbreitet, und ich weiß, dass er bei Bankiers beträchtliche Summen einnimmt".

Fersen schrieb an Gustav III.: „Es ist noch nicht lange her, dass Éphraïm 600.000 Pfund erhalten hat, die er der revolutionären Propaganda zur Verfügung stellt"[262]. In Paris ahnte man, dass Éphraïm ein Geheimagent der Berliner Regierung war, denn die diplomatische Korrespondenz berichtete dem französischen Botschafter, dass „Frau Éphraïm ihm die Mittel erleichtern wird, Bischofswerder und sogar den König von Preußen zu sehen[263]."

1790 war das Berliner Kabinett so zufrieden mit Ephraims Diensten, dass es ihn der Botschaft beifügte, mit dem offensichtlichen Auftrag, sich um Handelsangelegenheiten zu

---

[261] Id. t. XXVII. Sitzung vom 31. Mai.

[262] Siehe G. Bord. *Die revolutionäre Verschwörung von 1789*, S. 191.

[263] *Archiv des Auswärtigen Amtes.* Berlin, 1790.

kümmern. Bald darauf schrieb der gewandte Israelit nach Berlin: „Die ersten Mitglieder der Nationalversammlung sind so sehr für die preußische Freundschaft, dass man in diesem Augenblick alles verlangen könnte, was man will". Etwas später fügte er hinzu: „Der Jakobinerklub ist ganz und gar auf Preußen eingestellt"[264].

Könnte die Erklärung für diese große Sympathie in dem Brief liegen, in dem Ephraim von den Summen spricht, die die preußische Regierung an Choderlos de Laclos, die rechte Hand von Philippe Égalité, schickte? Es ist nicht uninteressant, die wichtigsten Passagen dieses Briefes zu zitieren, der beweist: I° dass die Anführer der Revolution vom preußischen König bestochen wurden; 2° dass man durch die Forderung von Reformen die Hoffnung hatte, dass diese von Ludwig XVI. abgelehnt würden, und so die revolutionäre Erregung noch verschlimmerte.

Ephraim an Laclos, 22. April 1791:[265]

„Man hat mir gesagt, dass Sie verzweifelt sind, weil Sie Ihr letztes Unternehmen nicht geschafft haben. Ich glaube es, denn es hat uns viel Geld gekostet, und in diesen Zeiten kann man es nicht genug schonen. Das sind zumindest die Absichten von König Friedrich Wilhelm, meinem Herrn...

Ich hatte damit gerechnet, dass der König die Priester seiner Kapelle nicht plötzlich entlassen würde und dass wir auf diese Weise noch eine Möglichkeit finden würden, ihn anzuschreien. Keineswegs, er schickt sie zurück, und wir sind immer noch die Dummen. Dieser Mann ist uneinnehmbar; von welcher Seite man ihn auch angreift, er entwaffnet einen auf einmal. Wer hätte damit gerechnet, einen Mann auf dem Thron zu finden, der alle

---

[264] Von der Goltz' Korrespondenz, S. 133.

[265] *Nationalbibliothek*, L. b. 39, 9888.

seine persönlichen Freuden der Ruhe seines Volkes opfert?

Durch die Dekrete waren noch einige Kammerherren übrig geblieben. Wir hatten uns bereits darauf eingestellt, noch einen schönen und guten Aufstand zu verursachen. Ich glaubte, dass wir auf diese Weise Erfolg haben könnten; er sah den Schlag voraus, schickte seine Gentlemen zurück und ließ uns mit all unseren Plänen im Regen stehen.

Unsere Lage war für einige Stunden glänzend, ich glaubte sogar, dass Ihr freundlicher Chef seinen Cousin ersetzen würde; aber jetzt sind meine Hoffnungen nicht mehr die gleichen... Alles, was mir gefällt, ist, dass wir durch diese Erschütterung Lafayette verloren haben, und das ist schon viel.

Unsere 500.000 Francs werden so gut wie nutzlos verbraucht, das finde ich am unglücklichsten; wir werden nicht jeden Tag solche Summen zur Verfügung haben und der König von Preußen wird müde werden, das Geld zu liefern... Wir müssen uns mit Mut wappnen und abwarten, was die Kuriere, die wir in alle Departements geschickt haben, bewirkt haben. Wenn es ihnen gelungen ist, die Menschen zu erheben und zu begeistern, dann haben wir leichtes Spiel... Wenn sie nichts erreicht haben, müssen wir wohl aufgeben...

P.S.: Ich erfahre, dass die Garde ihren General nicht gehen lassen will. Beeilen Sie sich, den Rat zu versammeln und lassen Sie mich wissen, wie spät es ist.

Erst im Januar 1791 schien die französische Regierung von Ephraims Machenschaften beunruhigt zu sein. Ein Brief, der vollständig von Herrn de Montmorin geschrieben wurde, beauftragte den Marquis de Moustiers, in Berlin eine Untersuchung über diesen beunruhigenden Israeliten durchzuführen, der „anscheinend hierher geschickt wurde, um auf kriminellste Weise zu intrigieren... Mir wurden Äußerungen von ihm gebracht, die ich mir nicht erlauben werde, wiederzugeben, weil sie zu grauenhaft sind... Dieser Intrigant hat versucht, sich mit Personen zu verbinden, die aufgrund ihres Eifers für die Revolution am ehesten geeignet sind, ihm zuzuhören. Sein Ziel ist es, uns mit dem Kaiser zu kompromittieren; er dachte, dass er dies leichter erreichen könnte, wenn er die Gemüter gegen die Königin erhitzen würde."[266].

Moustier fiel für diese Untersuchung nichts Besseres ein, als Frau Ephraim zu befragen, was auf den ersten Blick ziemlich naiv erscheint. Er gibt zu (10. Februar 1791), dass er sie nicht zum Reden bringen konnte. Sie sagte jedoch im Gespräch, dass sie, wenn Bischofswerder weit weg sei, nicht wüsste, wem sie die Briefe ihres Mannes an den König von Preußen übergeben solle.

Auf weitere Beschwerden von Herrn de Montmorin antwortete der Marquis de Moustiers am 28. Februar: „Ephraim hat hier den Ruf eines Intriganten, den man immer bereit ist zu desavouieren". Am 13. April schließlich schrieb er: „Ich kann mich des Verdachts nicht erwehren, dass der preußische Hof seit langem mit dem Wunsch beschäftigt ist, unter uns Unruhen zu schüren...".

Ich weiß aus dem Geständnis seiner Frau, dass Ephraim sich damit gebrüstet hat, dem König sehr große Dienste zu leisten; dass er mehrmals befürchtet hat, in große Gefahr zu geraten...

Wenn man eine Neigung hätte, das Böse aufgrund von Äußerlichkeiten zu glauben, könnte man ihm zutrauen, dass er berechtigt ist, so zu handeln, wie er es tut...".

Leider glaubte die Umgebung Ludwigs XVI. nicht so leicht an das Böse; seine Beamten auch nicht; daher schloss Moutiers

---

[266] *Archiv des Auswärtigen Amtes*. Berlin, v. 212.

mit der Ablehnung der Idee, dass Ephraim auf Befehl seiner Regierung gehandelt habe[267]. Dann schlug er eine französisch-preußische Annäherung vor, um die heimtückischen Manöver Englands zu vereiteln[268]. Diesmal sah er klar, dass England die Ereignisse anführte.

Zu diesem Zeitpunkt war der französische Hof so unbewaffnet, dass Marie-Antoinette sich an Blumendorf wandte und ihn bat, Kaunitz beim preußischen König zu aktivieren, um Ephraims Machenschaften zu stoppen. Daher heißt es in der diplomatischen Korrespondenz von Moustiers (26. Mai)

„Der Graf von Goltz muss Ephraim bedeutet haben, vorsichtiger zu sein...". Etwas später fügt der Botschafter hinzu: „Der König steht immer mehr unter dem Einfluss der Illuminaten...".

Ephraim war das aktivste Instrument im Bündnis der Girondisten mit Bischofswerder, dem Berater des Königs von Preußen[269]. Er betrieb geschickte Propaganda bei Gensonné, Pétion und ihren Freunden.[270]

Ephraim war nach dem Aufstand auf dem Champ de Mars verhaftet worden und wurde zwei Tage später auf Antrag des preußischen Botschafters wieder freigelassen. Das Kuriose daran ist, dass der Wiener Hof sich bereit erklärt, diesen Antrag zu unterstützen, wenn es notwendig ist. Der Marquis de Noailles bemerkte, dass „dies eine der unzähligen Singularitäten des

---

[267] *Archiv des Auswärtigen Amtes.* Berlin, v. 212.

[268] *Idem.*

[269] Fr. Masson. *Le département des Affaires étrangères pendant la Révolution,* S. 102.

[270] L. Kahn *Die Juden von Paris.*

Augenblicks ist"[271]. Nach der Verhaftung Ludwigs XVI. in Varennes begann die österreichische Regierung, die französische Monarchie als verloren anzusehen, sich Preußen anzunähern.

Moustiers schrieb am 30. Juli: „Graf von Goltz wird den Befehl erhalten, die Freilassung von Ephraim zu fordern und ihn als abberufenen Agenten formell zu desavouieren. Ich wurde gebeten, Ihnen dies mitzuteilen".

Das Forschungskomitee erklärt, dass eine genaue Überprüfung der Papiere Ephraims vorgenommen wurde, „ohne jedoch die Schriftstücke über seine Korrespondenz mit Seiner Majestät dem König von Preußen einzuschließen, die in einer besonderen Brieftasche aufbewahrt wurden".

So wird ein ausländischer Agent verhaftet, der in Paris Unruhe stiftet, und seine Korrespondenz mit der preußischen Regierung wird nicht einmal untersucht! Das ist sehr außergewöhnlich. Es gibt zwei Möglichkeiten: Entweder er genießt diplomatische Immunität, und wie kommt es dann, dass er vom 28. bis 30. Juli im Gefängnis bleibt?[272] Oder wird er als Spion betrachtet, und warum wird seine politische Korrespondenz respektiert?

Trotz dieser Schwäche machten die Revolutionäre es Montmorin zum Vergehen, dass er es gewagt hatte, den Juden Ephraim verhaften zu lassen, und nach der Meinung von Herrn Fr. Masson war dies der Hauptgrund für die Verhaftung des Juden Ephraim. Masson war dies eine der Hauptursachen für den Tod des unglücklichen Ministers.[273]

---

[271] *Archiv für Auswärtige Angelegenheiten*, Wien, v. 362, 6. August 1791.

[272] Laut einigen Autoren ist es vom 18. bis zum 20.

[273] Fr. MASSON. *Le département des Affaires étrangères pendant la Révolution*, S. 222.

Als Ephraim den Freunden von Philipp Égalité Hoffnung auf einen Dynastiewechsel machte, musste er über ihre Leichtgläubigkeit lachen. In Wirklichkeit, wenn er eine Kandidatur vorbereitete, war es die des Herzogs von Braunschweig. Der Plan, diesen Prinzen auf den französischen Thron zu setzen, war nicht nur ein Scherz Carras, wie einige Autoren zu glauben schienen. Die Anfänge der Verhandlungen sind im Archiv des Außenministeriums zu finden. Die französische Gruppe, die im Sold Preußens stand, war mächtig genug, um bereits im Januar 1792 eine offizielle Demarche bei Braunschweig zu veranlassen. Es war damals verfrüht, ihm die Krone anzubieten, daher schlug man ihm den Titel eines Generalissimus der französischen Armeen vor. Er hätte die Ordnung wiederhergestellt, alle von der revolutionären Partei geforderten Reformen durchgeführt und wäre am Tag der Entmachtung Ludwigs XVI. bereit gewesen, dessen Platz einzunehmen. Der Minister Narbonne schickte den jungen Custine ohne das Wissen Ludwigs XVI. zum Herzog von Braunschweig, einem der Führer der preußischen Freimaurerei. Der König war empört, als er davon erfuhr, aber seit der Rückkehr aus Varennes war er völlig unbewaffnet. Custine brachte das Gespräch auf „die Bedeutung der Rolle, die ein Mann von großem Charakter spielen könnte, der in Frankreich die Ordnung im Innern und das Ansehen nach außen aufrechtzuerhalten weiß und so zur Stütze einer Revolution wird, die nur noch Vorteile bietet, zum Idol der Franzosen, zum Wohltäter der Nachwelt...".

Nachdem er das Ehrenwort des Herzogs erhalten hatte, dass das, was er ihm sagen würde, in ewigem Schweigen begraben bleiben würde, fuhr Custine fort: „Wenn die französische Nation", fuhr Custine fort, „durch das Organ ihrer Vertreter erklären würde, dass in der Krise, von der sie bedroht ist, ein einziger Mann durch seinen früheren Ruhm, durch die Macht seines Genies und seiner Talente fähig ist, diese hohen Schicksale zu erfüllen... und wenn dieser große Mann Sie wären, Monsignore, was würden Sie uns antworten?".

Ich war tief bewegt, als ich diese Worte aussprach, und sah, dass der Herzog von Braunschweig ebenfalls bewegt war.

Er sagte zu mir: „Ich erkenne die Größe einer solchen Idee an... Aber welcher Mann wird so vermessen sein, dass er es wagt, sich die notwendigen Kräfte zuzutrauen?" Dann fügte er hinzu, dass er Frankreich nicht gut genug kenne... Ich überreichte ihm den Brief von Herrn de Narbonne. Er war sehr bewegt davon; aber er stellte mir Fragen über die Armee und machte neue Einwände bezüglich der Schwierigkeit des Erfolgs: „Selbst Sie würden eine schlechte Meinung von mir haben, wenn ich eine Entscheidung treffen würde, ohne sie sorgfältig durchdacht zu haben"[274].

Am nächsten Tag antwortet Braunschweig, dass er zu viele Schwierigkeiten in der ihm vorgeschlagenen Partei sehe: die öffentliche Meinung, die in Frankreich zu wandelbar sei, die Unvereinbarkeit seiner persönlichen und familiären Position mit dem ihm unterbreiteten Angebot, etc. Custine beharrt ohne Erfolg: „Dieser feine Takt, diese tiefe Kenntnis der Menschen und der Franzosen, all diese Nuancen schließlich, die Sie besitzen und die notwendig sind, um sie zu führen, beweisen mir mit aller Deutlichkeit, dass es wirklich Frankreich ist, wohin Sie von der Natur berufen sind, um unsterblichen Ruhm zu suchen".

Trotz des geringen Enthusiasmus dieses Anwärters wurde seine Kandidatur nicht verworfen. In der Woche vor dem Aufstand vom 10. August billigte das geheime Komitee der Jakobiner auf Vorschlag von Manuel und Thuriot, dass Ludwig XVI. entweder durch den Herzog von York, den Herzog von Braunschweig oder den Herzog von Orléans ersetzt werden sollte[275]. Da der Thron nach dem 10. August frei wurde, wurde die Kandidatur des preußischen Prinzen von Carra und seinen

---

[274] *Archiv des Auswärtigen Amtes.* Berlin, v. 213.

[275] G. Bord. Around *the Temple,* I, S. 533.

Freunden offiziell vorangetrieben, allerdings nicht mehr als Generalissimus, sondern als König von Frankreich. Carra, der einst wegen Einbruchs zu einer Gefängnisstrafe verurteilt worden war, hatte eine ziemlich gute Stellung in der revolutionären Welt; sechs Departements hatten sich um die Ehre gestritten, ihn in den Konvent zu schicken.

Sieyès und Talleyrand schlossen sich diesem Vorschlag[276] an; aber Robespierre und Billaut Varenne beeilten sich, der Pariser Kommune die Verschwörung zugunsten Braunschweigs, „den eine mächtige Partei auf den Thron bringen will", anzuzeigen[277]. Sie beschuldigten Condorcet der Komplizenschaft mit Carra, ebenso wie Vergniaud, Brissot, Lasource, Ducos und Guadet. Da es darüber hinaus noch zwei weitere Kandidaten gebe, den Herzog von York und den Herzog von Orléans, sei es unmöglich, sich zu einigen.

Der Krieg war begonnen worden, und Braunschweig hatte sein berühmtes Manifest veröffentlicht, das man als eine den Emigranten zuzuschreibende unverzeihliche Ungeschicklichkeit dargestellt hat. War es nicht im Gegenteil ein machiavellistisches Vorgehen Preußens, um die Meinung in Paris zu verärgern und den Bruch zwischen Ludwig XVI. und den Revolutionären zu vollziehen?

In der Anklageschrift gegen Brissot und Gensonné steht der wahre Satz: „Nichts ist so dumm wie diejenigen, die glauben oder glauben machen wollen, dass die Preußen die Jakobiner zerstören wollen".[278].

Denn sobald die Feindseligkeiten begonnen hatten, schonte Braunschweig den Franzosen und verhandelte immer wieder mit

---

[276] LEBON. *England und die Emigration* (Einleitung).

[277] AULARD. *Politische Geschichte* der *Französischen Revolution*.

[278] *Nationalarchiv*, A. F. 11 45. *Bericht von Carra*.

den Abgesandten der Jakobiner. In der Schlacht von Valmy hätte er die zahlenmäßig so unterlegene Armee von Dumouriez vernichten können; er ließ ihr Zeit, um Verstärkungen und Nachschub zu erhalten. Nach der Schlacht, die nicht sehr tödlich verlief, erhielt Dumouriez den ausdrücklichen Befehl, den Rückzug der Preußen nicht zu beunruhigen.[279]

Der geringe Enthusiasmus, den Braunschweigs Kandidatur in Frankreich hervorrief, schien Carras Projekt völlig aufgegeben zu haben. Außerdem misstraute dieser Prinz der Turbulenz seiner zukünftigen Untertanen und das Schicksal Ludwigs XVI. hatte ihm zu denken gegeben. Man dachte also an Prinz Ludwig von Preußen, der Frankreich immer sympathisch gewesen war. Sandoz, der preußische Minister in Paris, schrieb 1799: „Ste-Foy, der Vertraute Talleyrands, hat mir folgende Rede gehalten: Die Rückkehr des Friedens könnte von der Wiederherstellung einer konstitutionellen Monarchie abhängen... Die Behörden und der gesunde Teil der Nation würden sich nicht für einen Bourbonen entscheiden. Die Stimmen würden sich eher für Prinz Louis, den Sohn von Prinz Ferdinand, entscheiden."[280]

Hier die von Albert Vandal gegebene Erklärung für diesen Plan, die Bourbonen durch eine preußische Dynastie zu ersetzen: „Ein Teil der hohen Revolutionäre stellte sich vor, dass die Revolution, indem sie sich einem Schüler des großen Friedrich, einem philosophischen Prinzen gab, den vorteilhaftesten aller Zwecke erfüllen würde...

Einige dachten an einen Beschützer und meinten, Braunschweig regieren zu lassen, dem man zunächst einen

---

[279] Der Anführer der preußischen Streitkräfte und die Jakobiner, so Oscar HAVARD, „kamen überein, Frankreich und Europa das Simulacrum einer Schlacht zu bieten".

[280] LEBON. *England und die Emigration.* Vorwort, S. 27.

republikanischen Titel geben würde"[281].

Unvorhergesehenes Ergebnis dessen, was M. Paul Bourget als „Die Niederlage der demokratischen Illusion" bezeichnet hat![282]

Es ist unmöglich, den Ursprung einer dritten preußischen Kandidatur, der von Prinz Heinrich, zu finden, aber er war sicherlich vor Prinz Ludwig im Gespräch, da Kaiserin Katharina von Russland am 11. Juni 1795 an Grimm schrieb: „Es gibt Leute, die behaupten, dass es Prinz Heinrich von Preußen ist, den die Königsmörder zum Regenten von Ludwig XVII. machen wollen, wenn sie ihn wiederherstellen. Wenn das so ist, wette ich, dass in sechs Monaten seine Königliche Hoheit guillotiniert wird."[283].

Man kann sich fragen, warum ein feiner Diplomat wie Talleyrand sich dieser Kampagne vulgärer Jakobiner anschließen konnte, die Ernest Renan so beschreibt: „die unwissenden und bornierten Männer, die das Schicksal Frankreichs in die Hand nahmen"[284]. Konnte er an die Stärke einer preußischen Dynastie in unserem Land glauben? Oder findet sich die Erklärung in Mirabeaus schonungslosem Porträt von Talleyrand: „Ein niederträchtiger, gieriger, niedriger, intriganter Mann. Er braucht Schlamm und Geld. Für Geld würde er seine Seele verkaufen, und er hätte Recht, denn er würde seinen Mist gegen Gold eintauschen."[285]

Wahrscheinlich war die Kampagne für Braunschweig für Carra und seine Freunde gut bezahlt; anders wäre es kaum zu

[281] L'avènement de Bonaparte (Die Ankunft Bonapartes), Bd. I, S. 118f.

[282] P. BOURGET. Erfahrungsbericht.

[283] Ch. De Larivière. Katharina II. und die Französische Revolution, S. 175.

[284] P. Lasserre. Ernest Renan.

[285] Barthou: Mirabeau, S. 157.

erklären.

Was Sieyès betrifft, so erhielt er das Porträt des Königs von Preußen, das auf eher übertriebene 100.000 Ecu geschätzt wurde.[286]

Mallet du Pan zitierte ein Wort von Sieyès über diese Verhandlungen: „Il faut à la France un changement de religion et de dynastie" (Frankreich braucht einen Religions- und Dynastiewechsel).[287]

Man darf nicht vergessen, dass die Freimaurerloge La stricte observance templière réformée d'Allemagne, der die meisten französischen Parlamentarier angehörten, Herzog Ferdinand von Braunschweig als Großmeister hatte. Darüber hinaus hatte der Schottische Ritus in Berlin das Sagen. Dies erklärt, warum die Kandidatur des preußischen Prinzen ernst genommen werden konnte.

Ein Mitbürger Ephraims spielte ebenfalls eine wichtige Rolle in der Französischen Revolution: Baron Anacharsis Cloots, den die Vorstädte hartnäckig Ente sechs nannten. Cloots war ein preußischer Jude mit über hunderttausend Pfund Renten, der in der politischen Welt weit verbreitet war und heute zum „Tout Paris des premières" gehören würde.

Er war zunächst auf Reisen gegangen, um sich zu bilden. Er schloss sich in London mit Burke zusammen, in Holland mit Castriotti, der sich Prinz von Albanien nannte. Plötzlich fand er heraus, dass Castriotti ein einfacher Räuberhauptmann war, der in seinem Land in Abwesenheit zum Tode verurteilt worden war. Nachdem er beinahe mit seinem Freund ins Gefängnis geworfen worden wäre, hörte Cloots auf, sich mit der Orientfrage zu

---

[286] Buchez und Roux. *Histoire parlementaire*, t. XXXVIII, S. 105.

[287] Lady Blennerhasset. *Frau de Staël und ihre Zeit*, S. 105.

beschäftigen, und kam 1784 nach Paris. Er begann, revolutionäre Reden zu halten. Der Polizeileutnant Lenoir bat ihn daher höflich, nach Preußen zurückzukehren.

Doch als die Generalstände eröffnet wurden, ließ sich Anacharsis Cloots wie alle Ausländer wieder in Paris nieder. Als militanter Freimaurer war er einer der Förderer der antikatholischen Bewegung. Er konnte nicht über einen Priester sprechen, ohne sofort in Rage zu geraten[288]. Von Marat und Camille Desmoulins als Berliner Spitzel bezeichnet[289], gewann er dennoch dank seiner hunderttausend Pfund Renten relativ schnell großen Einfluss. Cloots nahm aktiv an der Vorbereitung des 10. August teil, aber als kluger Mann hütete er sich davor, sich Schlägen auszusetzen. Sein Panegyriker Avenel berichtet, dass er „seine beiden Sansculotten-Diener in die Flut der Aufständischen warf. Er selbst lief zur Versammlung, um nur zwei Schritte von der Feier entfernt zu sein, vielleicht sogar, um den Geruch des Pulvers einzuatmen und die Feuertaufe zu empfangen, falls eine verirrte Kugel das Gewölbe des Saals durchschlagen sollte."

Nachdem er aus großer Entfernung den Geruch von Schießpulver eingeatmet hatte, verließ er zusammen mit Ludwig XVI. die Versammlung und hielt im Hof der Manege Wache, um zu verhindern, dass der König befreit wurde.

In der folgenden Nacht trat Cloots wieder an die Spitze der Versammlung, umgeben von preußischen Föderierten, darunter Oberst Guerresheim, und hielt eine patriotische Rede, deren Versand an die 83 Departements und die Armee angeordnet wurde.

Bei so guten Diensten ist es nicht mehr verwunderlich, dass

---

[288] Louis BLANC. *La Révolution Française, Bd.* IX, S. 474.

[289] Avenel. *Anacharsis Cloots*, Kap. I.

Cloots von den Departements Oise und Saône-et-Loire zum Abgeordneten ernannt wurde.

Er war bereits mit dem Bericht des Diplomatischen Komitees und des Kriegskomitees betraut worden [290]. Er wurde Vorsitzender des Jakobinerklubs, als gerade das Dekret gegen die Ausländer veröffentlicht worden war. Zuvor hatte er an Dumouriez geschrieben: „Zerquetsche die Feinde von außen, während ich die Feinde von innen zerquetsche"[291].

Als er zur Zeit der Septembermassaker bei Roland zu Abend aß, befürwortete er die „Volksrache"[292]. Frau Roland bemerkte, dass er mit seinen Reden viele Zuhörer langweilte, erwähnte aber keine Proteste.

Es ist schwer zu sagen, ob Anacharsis Cloots ein direkter Agent der preußischen Regierung war oder nur ein Mitarbeiter des okkulten Syndikats, das unsere Revolution leitete. Er behauptete, mit seinem Land zerstritten zu sein, stand aber in Korrespondenz mit dem Herzog von Braunschweig.[293]

Ob er verrückt war oder aus Gründen der Originalität posierte, ist ebenfalls nicht bekannt.

Als einer der Organisatoren des Festes der Göttin Vernunft in Notre-Dame weckt er eines Nachts zusammen mit Pereyra Bischof Gobel, um ihn zum Abschwören zu überreden. Unter dem Titel „Redner des Menschengeschlechts" verkleidet Cloots eines Tages Landstreicher als Türken, Inder, Perser usw. und führt sie in den Konvent, um die Universalrepublik zu fordern.

---

[290] *National Archives*, A. D. XVIII, 17.

[291] *Id.*, F. 7, 4649.

[292] De la Gorce: *Histoire religieuse de la Révolution (Religionsgeschichte der Revolution)*.

[293] *Nationalarchiv*, F. 7, 4438.

Wir kennen den eloquenten Schluss seiner berühmten Rede: „Mein Herz ist Franzose und meine Seele ist Sansculotte".

Cloots hatte einen Weg gefunden, die Invasion von 1792 zu stoppen: Er schlug vor, dass die französische Armee, wenn sie mit den Preußen und Österreichern konfrontiert würde, „auf einem Tanzschritt, der Freundschaft ausdrückt, auf sie zugehen sollte" [294]. Leider stellten sich die Generäle gegen diesen Versuch.

Cloots, Paine und Robert, alle drei Ausländer, waren die ersten, die von einer Republik sprachen, während kein Franzose daran dachte. Am 21. April 1792 trat der „Redner des Menschengeschlechts" vor die Versammlung, um diese Regierungsform zu propagieren.

Anacharsis Cloots arbeitete aktiv daran, Ludwig XVI. zum Tode zu verurteilen. Nach dem 21. Januar schrieb er an einen Freund: „Ich möchte meine Hände, die im Blut Ludwigs XVI. getauft wurden, im Blut des letzten Tyrannen waschen"[295].

Leider wurde die Popularität von Anacharsis Cloots während der Schreckensherrschaft von Robespierre zerstört, der, wie er sagte, einem Sansculotten mit hunderttausend Livres Rente misstraute. Nachdem er die Worte „Mein Schüler Robespierre vergisst die Lektionen seines Lehrers" hatte fallen lassen, zog er sich die folgende Apostrophe zu: „Cloots lu passeras ta vie avec les agents et les espions des puissances étrangères." Schon Brissot hatte, nachdem er mit ihm befreundet war, im „*Patriote Français*" geschrieben: „ Beaucoup de méchanceté, une marche

---

[294] T. De WYZEWA: *Exzentriker und Abenteurer*, S. 165.

[295] Richter: *Cloots.* Dieses in Berlin herausgegebene Werk wurde noch nicht übersetzt.

variable, un but inconnu, voilà Cloots.[296]

Er hatte es einmal gewagt, seine Unabhängigkeit von den Freimaurern zu demonstrieren, indem er sich dem Vorschlag widersetzte, alle öffentlichen Ämter nur für Freimaurer zu reservieren.[297]

Cloots behauptet, im diplomatischen Ausschuss „gegen die dort vorherrschende englische Fraktion" gekämpft zu haben. Dennoch wurde er zusammen mit Hébert, Ronsin, Chabot, Fabre -d'Églantine, Momoro, Chaumette und Gobel[298] als Komplize Pitts verhaftet. Sie planten angeblich, dem Bürgermeister von Paris, Pache, die Diktatur zu übertragen.

Die Siegel wurden bei Cloots angebracht, die verdächtigen Papiere wurden ausgesondert; in den Protokollen wird seine gesamte Garderobe aufgezählt: zwölf Paar Pantoffeln, eine Bartplatte, sieben Gewandknöpfe, ein Paar Ärmelknöpfe usw.[299]. Kein Wort über seine Korrespondenz mit Preußen und England. Das wäre jedoch interessant!

Cloots wurde verurteilt und unter der Guillotine hingerichtet.

Einige andere Preußen spielten in der Revolutionszeit eine eher verblasste Rolle. Der in Königsberg geborene Pastor Bitaubé war ein begabter Literat. Seine Übersetzung *von Homer,* einige Gedichte und verschiedene Werke brachten ihn in die Berliner Akademie. Méhul vertonte sein Gedicht über *Joseph.*

Man fragt sich, warum Bitaubé zu Beginn der Revolution in

---

[296] *Nationalarchiv*, A. D. XVIII I 17.

[297] F. Caussy: *Choderlos de Laclos*, S. 158.

[298] L. Madelin: *Die Französische Revolution.*

[299] *Nationalarchive*, F. 7, 2507, und F. 7, 4649.

Paris war, Mitglied des Jakobinerklubs, in der Umgebung von Cerutti und Ximénes lebte und Robespierre oft zum Essen einlud.

General Thiébault traf sich donnerstagabends an seinem Tisch mit Chamfort und Hélène Williams, einer begeisterten Engländerin, die sich für die Revolution begeisterte.

Während die französischen Literaten geächtet werden[300], wird dem Konvent vorgeschlagen, für eine Rente für Bitaubé zu stimmen. Kéralio schreibt ihm: „Es ist notwendig, dass Brissot, Carra, alle Freunde, die Sie im Konvent haben, ihre Stimme für diesen Akt der Gerechtigkeit erheben"[301].

Bitaubé wurde während des Terrors verhaftet und am 9. Thermidor wieder auf freien Fuß gesetzt. Seine politische Rolle ist wenig bekannt, er musste zweifellos mit seinen Freunden, den Jakobinern, zusammenarbeiten. Ein mysteriöser Brief, der am 24. Mai 1793 von London nach Frankfurt geschickt wurde, scheint sich auf revolutionäre Machenschaften zu beziehen und drückt die Hoffnung aus, dass Bitaubé die Abkürzungen verstehen würde. Die anderen Dokumente, die ihn betrafen, sind aus den Archiven verschwunden.

Bitaubé wurde im Jahr VI Präsident des Instituts.

Die Baronin von Aelders, Tochter eines Gastwirts aus Groningen, war eine Geheimagentin der preußischen Regierung.

---

[300] Da Louis Blanc der. Revolution den Ruhm für die Gründung des Instituts zuerkannt hat, ist es angebracht, an die Gründung von fünf Akademien durch Ludwig XIV. zu erinnern: die Académie Française, die Académie des inscriptions et belles-lettres, die Académie des sciences, die Académie de peinture et de sculpture und die Académie d'architecture: Sie wurden alle durch das Gesetz vom 8. August 1793, das Michelet und L. Blanc verschweigen, abgeschafft. Fast alle Akademiker wurden geächtet. Siehe BIRÉ: *Légendes révolutionnaires (Revolutionäre Legenden).*

[301] *Nationalarchiv,* F. 7, 4601.

In den letzten Jahren der Herrschaft Ludwigs XVI. gründete sie in Paris einen Club revolutionärer Frauen, *die „Freundinnen der Wahrheit"*. Von Condorcet protegiert, war Frau d'Aelders vom letzten Gut mit Basire, dem Abgeordneten von Dijon. Dieser Jakobiner war ziemlich menschlich: Er protestierte gegen die Septembermassaker und verzögerte die Verurteilung der Girondisten, nachdem er sie angeklagt hatte. Da „er den Frauen nichts abschlagen konnte"[302], ist es wahrscheinlich, dass es Frau d'Aelders war, die ihn dazu brachte, den König, den Hof, Lafayette usw. anzugreifen.

Frau d'Aelders wurde nach dem Aufstand auf dem Champ de Mars verhaftet und dank hoher Einflüsse bald wieder freigelassen. Am 5. Messidor des Jahres II wurde sie erneut inhaftiert und die Zwischenetage, die sie in der Rué Favart 11 bewohnte, wurde versiegelt. Das Komitee für allgemeine Sicherheit gab den Befehl, verdächtige Korrespondenz aus ihren Papieren zu entfernen; die Kommissare erklärten, sie hätten die Papiere „in einen Sesselbezug gesteckt, den wir geknackt haben, und haben den Stempel unseres Komitees an beiden Enden angebracht und haben das Ganze zu unserem Komitee bringen lassen"[303].

Leider sind diese Papiere wie alle Papiere der ausländischen Agenten verschwunden.

G. Forster, Sohn eines Pfarrers aus Danzig, begleitete Cook um die Welt, war abwechselnd Alchemist, Professor an der Universität Vilna und Bibliothekar an der Universität Mainz. Als Rosenkreuzer und Freimaurer, der nach der Eroberung von Mainz Mitglied des Mainzer Jakobinerklubs war und die Französische Revolution leidenschaftlich bewunderte, stand Forster in ständigem Briefwechsel mit Lebrun-Tondu und

---

[302] *Große Enzyklopädie.* Artikel von M. AULARD über Basire.

[303] *Nationalarchiv,* F. 7, 4659.

einigen unserer Politiker. Am 5. Juni 1792 kündigte er den bevorstehenden Sturz des Königtums an. 1793 war er in Paris ansässig, sprach im Konvent, speiste mit Merlin de Thionville, Théroigne de Méricour, Lecouteulx de Canteleu, Rewbell, Lecointre und anderen.

Im Juni 1793 wurde er zum Kommissar des Exekutivrats ernannt, und das Außenministerium beauftragte ihn mit zwei Missionen, in Flandern und in der Franche-Comté.[304]

Er war mit Thomas Paine und Miss Williams befreundet und wurde nach der Schreckensherrschaft zum Konterrevolutionär, wie sein Landsmann Adam Lux: Dieser verteidigte, nachdem er sich in die Jakobinerbewegung gestürzt hatte, Charlotte Corday und wurde deswegen zum Tode verurteilt.

Der in Schlesien geborene Schlabrendorf war so sehr in die Revolution vertieft, dass er mehrere Jahre lang vergaß, das Haus zu kündigen, das er in London gemietet hatte, bevor er sich in Paris niederließ. Er war sehr reich und bewohnte während der Revolution eine bescheidene Wohnung, in der er eine große Anzahl von Freunden empfing.

Er setzte seine Verschwörungen auch unter dem Konsulat fort, ohne viel von sich reden zu machen.

Dr. J. Eric-Bolmann (Hannoveraner) ließ sich in Paris bei einem Onkel nieder, der ein englischer Untertan war. Er berichtet, dass er gegen seinen Willen mit Spießen in die Mitte des Aufstandes vom 10. August gestoßen wurde. Er war von Paris angewidert und rettete Narbonne mit einem englischen Pass auf Bitten von Madame de Staël.[305]

---

[304] Chuquet: *Études d'Histoire*, 1ère Serie, S. 234.

[305] LADY BLENNERHASSET: Mme *de Staël und ihre Zeit*, t. II, S. 158 ff.

Weitere Beispiele sind Trenck, der sein Vermögen für „die Befriedigung, auf dem Boden der Freiheit zu wohnen" opferte[306], der Schneider Nestch, der Teil eines Komplotts zur Ermordung Lafayettes war, der Rabbi Hourwitz, ein Freund Fauchets und Clavières, Aelsner, Campe, Huber, Ancillon, Archenholz, Goy, Eschim Portaek, ein Mitglied des Jakobinerklubs.

Zusammenfassend lässt sich sagen, dass die Rolle Preußens vor allem zu Beginn der Revolution wichtig ist. Nach dem Sturz der französischen Monarchie übergibt das Berliner Kabinett die Führung an die englische Regierung.

Es scheint übrigens, dass diese beiden Mächte ihre Anstrengungen gegen Ludwig XVI. vereint haben. Als am 12. Juli 1789 das Ministerium wechselte, schickte der englische Botschafter in Frankreich, nachdem er sofort einen Kurier an seine Regierung geschickt hatte, eilig einen weiteren an den preußischen König. Unmittelbar nach der Ankunft dieses Kuriers wurde „ein außerordentliches Komitee einberufen; Prinz Heinrich wurde nicht dazu berufen... Der Hof möchte, dass die Unruhen in Frankreich schwerwiegender und von ewiger Dauer wären"[307].

Der Grund für den Ausschluss von Prinz Heinrich von Preußen war seine Sympathie für Frankreich, auf die jeder, der mit ihm in Kontakt kam, hingewiesen hatte.

Als die Rede davon war, den Herzog von Braunschweig auf den französischen Thron zu setzen, widersetzte sich die britische Regierung nicht; sie glaubte nicht an den Erfolg der Kandidatur des Herzogs von York. Braunschweig, der Schwager des britischen Königs, stand unter seinem Einfluss. Bereits 1876 berichtete Mercy Argenteau Kaunitz von den Subventionen, die

---

[306] Avenel: *Anarchasis Cloots*, S. 182 ff.

[307] *Archiv des Auswärtigen Amtes.* Korrespondenz aus Berlin, Juli, 1789.

das Londoner Kabinett an Braunschweig zahlte, und 1789 behauptete Moustiers, dass das Umfeld des preußischen Königs an England verkauft worden sei.

Aber unsere Staatsmänner haben die geheimen Machenschaften der ausländischen Regierungen in Paris nie ernst genommen. Dafür haben wir ein Beispiel, das zu aktuell ist, um vergessen zu werden: Man weiß, mit welcher Skepsis 1914 M. Léon Daudets Band „Der Vorkrieg" aufgenommen wurde. Es scheint, dass die Französische Revolution mit der gleichen Geschicklichkeit vorbereitet wurde wie die jüngste Invasion der Barbaren von jenseits des Rheins.

KAPITEL IX

ENGLISCHE AGENTEN

Unter den Ausländern, die 1789 in Frankreich eindrangen und an der Revolution arbeiteten, waren die Engländer bei weitem am zahlreichsten; doch bis auf wenige Ausnahmen verbargen sie sich geschickter als die anderen.

Hier sind die wichtigsten:

Inmitten der kosmopolitischen Revolutionäre fiel ein eher sympathischer Charakter auf, ein wohltätiger und seinen Freunden ergebener Philosoph, Thomas Paine (oder Payne), der den Mut hatte, vor dem Konvent gegen den Tod Ludwigs XVI. zu sprechen.

Paine, der beim englischen Zoll beschäftigt war, hatte sich aus dem Dienst entlassen lassen und sich als Tabakhändler, Korsettfabrikant und Lebensmittelhändler niedergelassen. Da er sein Glück nicht kommen sah, meldete er sich in Amerika und wurde zum Adjutanten von General Greene ernannt. Er wurde beauftragt, in Paris eine Anleihe auszuhandeln, und erhielt bei dieser Gelegenheit von der amerikanischen Regierung hohe Gratifikationen. Daraufhin vermehrte er sein Vermögen durch den Bau von Brücken. Plötzlich entdeckte er seine literarische Berufung und begann, Pamphlete zu schreiben.

Paine kam 1787 in Paris an und sollte im nächsten Jahr wieder abreisen, aber, so sagte er: „Der Wunsch, mit all meiner Macht zur Französischen Revolution beizutragen, ließ mich meine Rückkehr aufschieben... Der Plan, den ich für das große Werk vorschlug, befindet sich noch immer in den Händen von Barère [308]." So wusste Paine 1788, dass die Revolution ausbrechen würde.

Er ist der Autor der Erklärung der Menschenrechte und der Adresse, die dem Oberst du Châtelet zugeschrieben wird und in der die Abschaffung der Monarchie gefordert wird. Die Erklärung, auf die unsere Demokraten so stolz sind, ist also das Werk Englands.

Paine gründete mit Pétion, Lafayette und Buzot einen Klub, der sich bei Condorcet traf und an der revolutionären Bewegung arbeitete.

Im Juli 1791 kehrte Paine nach London zurück, weil Lafayette ihn nicht in Paris beschäftigen konnte und ihn beauftragte, Franklin den Schlüssel zur Bastille zu überbringen[309]. Wegen seiner republikanischen Ansichten wurde er jedoch von seinen Landsleuten schlecht aufgenommen und kehrte zurück, um sich endgültig in Paris niederzulassen. Bei seiner Landung in Calais war ihm ein triumphaler Einzug bereitet worden. Die Offiziere umarmten ihn und führten ihn zum Rathaus, wo er von der Stadtverwaltung umarmt wurde.

Paine gehört dem Komitee an, das die neue Verfassung ausarbeiten soll. Er wurde von drei Departements - Oise, Puy-de-Dôme und Pas-de-Calais - zum Mitglied des Konvents ernannt. Er inspirierte Brissots Artikel. Frau Roland berichtete Bancal von der Bildung einer republikanischen Gesellschaft, die von Paine geleitet wurde. „C'est lui", schrieb sie 1791, „qui a fourni les

---

[308] *Nationalarchiv, F. 7, 2775.*

[309] Brief von Gower an Grenville.

matériaux du prospectus affiché ce matin de tous côtés"[310].

Einer seiner Freunde, Wilkes, war in Paris verhaftet und verurteilt worden und hatte einen dringenden und mysteriösen Grund, für ein paar Tage nach England zurückzukehren; Paine verschaffte ihm freies Geleit und verpflichtete sich, Wilkes' Platz im Gefängnis einzunehmen.

Frau Roland verglich Paines Gesicht mit einer Brombeere, die mit Mehl besprenkelt wurde. Da er kein Französisch konnte, lasen seine Freunde seine Reden vor dem Konvent vor, während Paine die Gesten machte. Man sieht, dass es den Sitzungen der schrecklichen Versammlung nicht an einer gewissen Fröhlichkeit mangelte.

Paine wohnte in einer echten englischen Verschwörerhöhle, dem Hotel White in der Passage des Petit-Pères. Dort waren Stone, Smyth, E. Fitz-Gerald, Yorke, Kapitän Monro usw. anzutreffen. Man trank dort so trocken, dass der tapfere Paine zum Alkoholiker wurde.

Nach den Massakern, die er missbilligte, riet er, Ludwig XVI. den Prozess zu machen; er war überzeugt, dass der König ermordet werden würde, und bildete sich ein, ihn dadurch zu retten. Er wollte den Sturz der französischen Monarchie, aber Grausamkeit war ihm zuwider. Als Thomas Paine im Konvent die Verteidigung des Herrschers übernahm, erklärte er, dass man Mitgefühl zeigen müsse, weil man in dem Monarchen „nur einen schlecht erzogenen Menschen wie alle seine Artgenossen" sehen könne.

Wahrscheinlich hinderte Ludwig XVI. seine schlechte Erziehung daran, seinem Verteidiger zu danken.

---

[310] Korrespondenz von Frau Roland.

Nachdem er sich gegen die Todesstrafe ausgesprochen hatte, schlug Paine vor, die königliche Familie nach Amerika zu schicken.

Von da an erklärte Robespierre ihn für verdächtig. Paine hatte sich auch Marat zum Feind gemacht, indem er dessen Diktaturpläne im Jakobinerklub anprangerte. Er entging daher nicht den Proskriptionen. Paine versteckte sich zunächst unter dem Schutz von Samson, dem Vollstrecker der hohen Werke, aber schließlich wurde das raffinierte Versteck entdeckt. Die Polizisten, die ihn verhaften sollten, berichteten, dass sie zunächst zu Mittag aßen, weil ihnen die Suche nach ihm auf den Magen geschlagen war. Als sie den Erfinder der Menschenrechtserklärung entdeckten, sagten sie: „Wir konnten uns als Amerikaner nicht mit ihm verständigen; deshalb baten wir den Hauptmieter des genannten Hauses, uns als Interpreten zu dienen...". Da wir keinen Zweifel an dem Verhalten, das wir an den Tag gelegt haben, lassen wollten..., haben wir die Öffnung aller Schränke verlangt.".[311]

Doch nach einer gewissenhaften Prüfung schienen Paines Papiere nichts Verdächtiges zu enthalten; das hinderte ihn jedoch nicht daran, ins Gefängnis von Luxemburg gebracht zu werden. Er verdankte sein Leben einem glücklichen Zufall, es sei denn, dieser Zufall wurde durch das Anglo-Preußische Syndikat unterstützt - denn es ist bemerkenswert, dass Ausländer immer leichter aus dem Gefängnis entlassen wurden als Franzosen. Jeden Tag markierte der Kerkermeister in Luxemburg mit Kreide die Zellen der Häftlinge, die am nächsten Tag hingerichtet werden sollten. Paine war in einer Liste von 160 Verurteilten enthalten, aber die Tür seiner Zelle stand offen, weil er Fieber hatte; das weiße Kreuz wurde auf der Innenseite der Tür markiert. Als die Zelle am Abend wieder geschlossen wurde, war

---

[311] *Nationalarchiv*, F. 7, 2775.

das Kreuz von außen nicht mehr sichtbar[312]. Am nächsten Morgen wurden statt 160 nur 159 Verurteilte gezählt. Paine wurde also wahrscheinlich willkürlich durch den nächstbesten ersetzt.

Vielleicht ahnte der Gefangene nicht, welcher Gefahr er entkommen war, und schrieb in alle Richtungen, um gegen seine Inhaftierung zu protestieren. „Robespierre", so erklärte er dem Konvent, „war mein eingefleischter Feind, wie er es von allen Männern der Tugend und der Menschlichkeit war." Schließlich wurde Paine nach acht Monaten dank mehrerer Interventionen wieder freigelassen (13. Brumaire, Jahr III).

Nach dieser Warnung scheint er eine zurückhaltendere Rolle gespielt zu haben. Er ging nicht mehr zum Konvent, aber laut Bourdon „intrigierte er mit einem ehemaligen Agenten des Auswärtigen Amtes, Louis Otto". Über seine Beziehungen zur britischen Regierung findet man später keine Aufzeichnungen mehr.

Während des Direktoriums machte Paine nicht viel von sich reden. Im Jahr 1802 ging er nach Amerika und entführte die Frau eines befreundeten Journalisten. Er starb 1809 als Alkoholiker.

Sein Mitbürger W. A. Miles, Pitts Agent, übte einen gewissen Einfluss auf unsere Minister aus, wie der folgende Brief von LebrunTondu beweist: „Mir fehlen dit-acht Louis für die Einlösung eines Wechsels. Könnten Sie nicht zu all den Gründen der Dankbarkeit, die ich Ihnen schulde, diese neue Wohltat hinzufügen?"

Als Reverend Ch. Miles die Korrespondenz seines Vorfahren veröffentlichte, wunderte er sich, dass die Briefe von W. A. Miles an Pitt aus den Jahren 1790 bis 1793 verschwunden waren. „Das

---

[312] Fortiolis: *A English member of the Convention, Weekly* Review, 1914.

müssen die interessantesten gewesen sein", sagt er. War es nicht gerade, weil sie zu interessant waren, dass die englische Regierung sie nicht in den Händen der Erben ihres Agenten belassen wollte?

Miles sagt, er sei aus demselben Grund wie sein Freund Hugh Elliot heimlich nach Paris geschickt worden.

Holland Rose erklärt in Pitts Geschichte, dass ihre Mission zum Ziel hatte, „auf die französischen Demokraten einzuwirken".

Zu der Zeit, als Pétion Miles in den Jakobinerklub einführte, wohnte er in 113, Faubourg Saint-Honoré; er stand in häufigem Kontakt mit Barnave, Mirabeau, Lafayette, Frochot etc. Leider wurden nur die Briefe von Miles, die nichts Kompromittierendes enthalten, veröffentlicht. Er kündigte Pitt bereits im September 1790 an, dass die Monarchie in Frankreich bald abgeschafft werden würde. Zu diesem Zeitpunkt gab es jedoch keinen einzigen Abgeordneten, der nicht Monarchist war, und keinen einzigen Franzosen, der sich Republikaner nannte.

Miles' Korrespondenz beweist, dass er eine schlechte Vorstellung von seinen Freunden, den Jakobinern, hatte: „Von einer solchen Ansammlung von Dieben, Mördern usw. kann nichts Gutes erwartet werden" (5. Januar 1791). „Wenn Sie die Revolution einem tugendhaften Gefühl oder einer mutigen Anstrengung zuschreiben, irren Sie sich" (18. März 1791). Miles beschwerte sich zu dieser Zeit, dass seine Korrespondenz abgefangen werde, daher wurden seine Briefe immer banaler.[313]

Im 19.ᵉ Jahrhundert wurden mehrere Urenkel von Miles

---

[313] Miles fungierte als Vermittler zwischen Danton und dem englischen Ministerium, insbesondere im Zusammenhang mit dem Prozess gegen Ludwig XVI.

Franzosen; der bekannteste ist Herr Waddington, Botschafter.

Hugh Elliot, ein Mitarbeiter von Miles, war der Schwager von Lord Auckland. Als ehemaliger Mitschüler von Mirabeau in der Pension Choquart wurde er speziell damit beauftragt, auf den berühmten Redner einen für England günstigen Einfluss auszuüben.[314]

Hugh Elliot schrieb am 26. Oktober 1790 an Pitt: „Ich kann die Erzählung meiner geheimen Gespräche mit verschiedenen politischen Persönlichkeiten nicht dem Papier anvertrauen. Aber ich habe allen Grund zu glauben, dass ich mehr als jeder andere Herr der Ereignisse bin.".[315]

Andeutungen deuten darauf hin, dass Mirabeau und andere das englische Geld nicht ablehnten, doch Holland Rose fügt hinzu: „Unsere beiden Gesandten waren diskret genug, um in ihren Briefen nur wenige Details zu nennen."

Der englische Spion Dracke nahm an den geheimen Sitzungen des Comité de Salut public teil und berichtete Lord Grenville genauestens darüber. Am 2. September 1792 teilte er ihm mit, dass man am Abend 2250 Verdächtige zur Verhaftung bestimmt habe. Man habe den Tod von Marie Antoinette und Brissotins beschlossen, und 500.000 Francs seien Pache übergeben worden, um in den ersten Septembertagen einen Aufstand anzuzetteln.[316]

Herr Aulard äußert die Meinung, dass Dracke nur die Informationen über die Außenpolitik weitergegeben habe. Aber

---

[314] Pallain: *Talleyrand's Mission in London*, S. 234.

[315] Hollland Rose: *William Pitt*, S. 581. Dieses Werk wurde noch nicht ins Deutsche übersetzt.

[316] *Historical manuscripts commission* (Anhang I). *The manuscripts of J. B. Fortescue*, T. II, S. 457.

wenn ihm die Geheimnisse unserer Diplomatie anvertraut waren, warum hätte man ihm dann die inneren Angelegenheiten vorenthalten? Billaud Varennes und Hérault de Séchelles beschuldigten sich gegenseitig des Verrats. Sie könnten beide Recht gehabt haben, denn Hérault de Séchelles nahm die diplomatischen Akten mit, um sie dem Sohn des österreichischen Ministers Kaunitz mitzuteilen, und Billaud Varennes schickte heimlich Berichte über die Vorgänge in der Regierung nach Venedig und Spanien. Ihre Namen wurden auch bei der Einnahme von Toulon genannt; man beschlagnahmte die Korrespondenz eines Verräters, der nur eines der Mitglieder des Comité de Salut public sein konnte.[317]

Dracke scheint während der gesamten Revolutionszeit in seinem Beruf unbehelligt geblieben zu sein; er wurde lediglich während der Verschwörung von Georges Cadoudal verfolgt, da er zu dessen Helfern gehörte.

Die Girondisten trafen sich sonntagabends im Salon von Hélène Williams, einer Freundin von Madame Roland. Sie übte einen großen Einfluss auf Bancal, Brissot, Achille du Châtelet, Miranda, Lasource, Sillery, Girey-Dupré und Rabaut Saint-Etienne aus. Madame Roland wollte sie mit Bancal verheiraten, aber die junge Engländerin zog ihren Mitbürger Stone vor, der ihr überallhin folgte. Ob sie den revolutionären Geist bis zur freien Vereinigung trieben oder ob Hélène Williams Stone nur eine platonische Liebe gestattete, konnten wir nicht herausfinden. Sie trug nie seinen Namen; man hat sich gefragt, ob sie heimlich verheiratet waren. In einem Polizeibericht an das Revolutionskomitee wurde jedoch festgestellt, dass Stones Frau über ein Vermögen von 60.000 Pfund Sterling (mehr als 1.500.000 Francs) verfügte[318]. Es ist daher wahrscheinlich, dass

---

[317] Mathiez: *Geheime Geschichte des Comité de Salut public (Komitee der öffentlichen Rettung).*

[318] *Nationalarchiv*, F. 7, 4778.

Stone seine Frau verließ, um Helene Williams zu folgen, sich aber nicht scheiden ließ.

Nachdem sie im Oktober 1793 verhaftet und später wieder freigelassen worden war, flüchtete Helene Williams bis zum 9. Thermidor in die Schweiz. Als sie mit Stone nach Paris zurückkehrte, war sie wahrscheinlich weiterhin politisch aktiv, da sie 1802 nach einer Durchsuchung ihrer Papiere durch die Polizei erneut verhaftet wurde.

Stone, einer der Sieger der Bastille, war eng mit Brissot, Pétion, M. und Mme de Genlis befreundet. Als sie ins Ausland ging, vertraute sie ihre Papiere Stone an, der sie an Hélène Williams weitergab. Als die junge Engländerin erfuhr, dass ihr Haus durchsucht werden sollte, verbrannte sie die Papiere von Madame de Genlis.

Um seine Anwesenheit in Paris zu rechtfertigen, gründete Stone eine Druckerei. Als er der Verschwörung verdächtigt wurde, behauptete er, völlig von seinem Geschäft absorbiert zu sein. Es gelang ihm, zum Präsidenten des Clubs der „Freunde der Menschenrechte" ernannt zu werden und einen gewissen Einfluss zu erlangen.

Lord Stanhope schrieb an Grenville: „Mr. Stone und ein Engländer, der die Minister und die bedeutenden Männer in Frankreich gut kennt... Er wird Sie von ihren guten Absichten überzeugen können."

Stone gab Abendessen mit Milnes und R. Smith, den Agenten von Pitt. Bei einer ihrer Orgien versetzte ein Engländer Paine nach einem ausgiebigen Trinkgelage einen Faustschlag ins Gesicht und lief dann entsetzt von seinem Verbrechen davon.

Aber schon am nächsten Tag waren sie wieder versöhnt.[319]

Stone sagt zu Mirandas Gunsten aus. Zweimal verhaftet und wieder freigelassen, flüchtet er in die Schweiz, wo er mit Hélène Williams zusammenkommt. Nach dem 9. Thermidor kehrt er zu ihr zurück.

William Stone, der Bruder des vorigen, der in England wegen Verschwörung verfolgt und später freigesprochen wurde, hatte sich 1789 in Villeneuve-Saint-Georges bei einem Landsmann namens Parker niedergelassen. Die Brüder Stone behaupten, dass sie für die Flucht Sillerys 12.000 Francs gezahlt hatten, die Madame de Genlis ihnen nicht zurückzahlen wollte.

Stones Korrespondenz kam aus England unter dem Deckmantel von Auguste Rose. Dieser nahm an den größten Unruhen teil: In dem Band aus Algier über die Rolle der Engländer in der Französischen Revolution[320] wird Rose als einer der zehn „Aufseher" des Konvents (one of the ten ushers, etc.) bezeichnet. Am 9. Thermidor damit beauftragt, Robespierre und seine Anhänger zum Komitee für öffentliche Rettung zu bringen. Rose wird auf Befehl der Kommune verhaftet; er rempelt seine Aufseher an und flieht. Anschließend bemüht er sich, unbemerkt zu bleiben.

David Williams, der nicht mit Helene Williams verwandt war, arbeitete mit Roland und mit Brissot zusammen, der sein Werk über die Freiheit übersetzte. Als Franzose eingebürgert, erklärte er im November 1792, dass er „den Wünschen seines neuen Vaterlandes nachkommt und zu dem Gebäude des Glücks und des Wohlstands beitragen wird, das der Konvent errichten soll"[321]. Dennoch schmeckte William seinen revolutionären

---

[319] *Nationalarchiv*, F. 7, 4778.

[320] *Englishmen in der Französischen Revolution* (Algier).

[321] *Foreign Affairs Archives*, London, v. 583.

Freunden nur halb so gut, denn über die Konventsmitglieder schrieb er: „Gedankenlosigkeit, Sorglosigkeit und Schmutz machen einen Gesetzgeber nicht empfehlenswert."

Die Briefe von Frau Roland beweisen, dass die Kampagne der Girondisten für Pressefreiheit von Williams und dem englischen Journalisten R. Pigott diktiert wurde.

Die Gesellschaft der Freunde der Schwarzen hatte als offensichtliches Ziel die Befreiung der Neger und als verborgenes Ziel die Universalrepublik. Einer ihrer Hauptgründer war Robert Pigott, ein englischer Quäker, der mit Roland und Lanthenas befreundet war. Neben ihm finden sich Clarkson, ein Mitarbeiter Mirabeaus, und die französischen Namen Wilberforce, Paine, Williams, Daer, Sohn des Earl of Selkirk, Sharp und Grenville[322]. Von England unterstützt, gibt die Gesellschaft der Freunde der Schwarzen den *Observateur* heraus, *eine* Zeitung, die von Faydel, einem Freund Laclos', geleitet wird[323]. Pigott ist der Erfinder der roten Mütze. Am 10. Februar 1790 stimmte die Nationalversammlung für den Druck einer seiner Reden.

Zwei weitere Pigotts arbeiteten ebenfalls in der Revolution: Der eine war ein Richter in Shropshire; der andere war ein Pamphletist, John Pigott, der manchmal unter dem Namen Jean Picotte gemeldet wurde, 1793 verhaftet und im folgenden Jahr wieder freigelassen wurde.

Warum lebte Benjamin Vaughan in Passy unter dem Namen Jean Martin? Warum ging er häufig heimlich zu Robespierre?[324]

---

[322] Dort sollte der Bankier Kornmann, ein Mitglied der Kommune und berühmt für sein Eheunglück, anwesend sein.

[323] DARD: *Choderlos de Laclos.*

[324] M. Mathiez (*Annales révolutionnaires de Février 1917*) bestreitet Vaughans Vertrautheit mit Robespierre; sie wird jedoch von Barère behauptet.

Als Sohn eines reichen englischen Kaufmanns hatte er Miss Manning aus der Familie des Kardinals geheiratet und musste daher eine recht gute Stellung in London haben, wo er angeblich wegen seiner politischen Ansichten in Schwierigkeiten geriet. Nachdem er in Nantes eine Reihe von Reden gehalten hatte, arbeitete B. Vaughan 1791 mit der Société des *Amis de la Révolution* (Gesellschaft der *Freunde der Revolution)* zusammen. Außer Robespierre kannten nur vier oder fünf Personen Vaughans Identität (Bischof Gregoire, Hamilton Rowan usw.). Der falsche Jean Martin wurde 1794 verhaftet und wäre als Agent von Pitt fast zum Tode verurteilt worden. Doch nach einem Monat in Haft erhielt er vom Comité de Salut Public einen Pass für die Schweiz.

Der Dichter Barlow betrieb vor allem in Savoyen revolutionäre Propaganda, während Alfieri den Sturm auf die Bastille besang und Klopstock die Französische Revolution verherrlichte.

Im Winter 1792 legte ein englisches Schiff, das Martin Milleth gehörte, im Hafen von Boulogne an. Am nächsten Tag sind der Kapitän und die gesamte Besatzung verschwunden[325]. Die Polizei stellte Nachforschungen an, entdeckte aber nichts. Niemand wusste, was aus ihnen geworden war, außer Pitt, der offensichtlich jedem von ihnen seine Arbeit zugeteilt hatte.

Watt, der Sohn des berühmten Erfinders, und sein Freund, der Drogist Th. Cooper, sind die Organisatoren einer Veranstaltung zu Ehren der aufständischen Soldaten von Châteauvieux. Als Freunde von Marat befürworteten sie den 10. August und spendeten 1300 Francs für die Familien der Patrioten, die während des Aufstands verletzt wurden, erlaubten sich aber, die Massaker zu tadeln. Robespierre nutzte die Gelegenheit, um sie als Agenten Pitts zu denunzieren. Watt rettet sich nach Italien

---

[325] *Nationalarchiv*, D. XXIX.

und Cooper nach Amerika.

J. Oswald, ein Pamphletist und Dichter, der mit Brissot befreundet war, war einer der Gründer der *Chronique du mois.* Im März 1792 hängte er im Faubourg Saint-Antoine Plakate auf, in denen er die Verteilung von Piken an alle Bürger und die Abschaffung der stehenden Heere forderte.

Oswald wurde mit der Organisation eines Regiments von Föderierten beauftragt, in die Vendée geschickt und in der ersten Schlacht getötet, wahrscheinlich von seinen eigenen Truppen, da er sich untragbar gemacht hatte und seine Soldaten ihn hassten.

La Luzerne, Botschafter in London, berichtet von einem Pitt-Agenten in Paris im Umfeld des Herzogs von Orléans: ein Mann namens Forth, der häufig zwischen Frankreich und England hin und her reist [326]. Drei Mitglieder der Pariser Kommune korrespondierten über Forth mit Choderlos de Laclos, dem Vertrauten von Philippe Égalité. Dieser berichtete Pitt getreulich über die Taten des Herzogs von Orléans. Zu seinen Mitarbeitern gehörten Smith, Clarke el Shee.

Mathews, ein Geheimagent der englischen Regierung, ändert seinen Namen, als er in Paris verdächtigt wird. Er führt einen häufigen Briefwechsel mit unseren Politikern. Das Komitee für öffentliche Rettung zahlt eines Tages fünfzehntausend Pfund, die Mathews seinem Hotelier schuldete[327]. In dem Zustand, in dem sich die französischen Finanzen befanden, erscheint diese Liberalität sehr außergewöhnlich!

Am 7. September 1793 bat Mathews Danton um einen Sicherheitspass, weil er sich nicht sicher war. Er hatte Recht, denn seine Verhaftung war am Vortag beschlossen worden. Otto

---

[326] *Foreign Affairs Archives*, London, v. 588.

[327] *Archives des Affaires étrangères*, Frankreich, v. 1408.

war losgelaufen, um ihn zu warnen, hatte ihn aber verpasst. Mathews wurde also verhaftet und die Polizei versiegelte eine umfangreiche Korrespondenz mit Danton, Hérault de Séchelles etc. Ein Brief vom 19. September erinnert den Minister: „Sie versprachen mir, dass ich unverzüglich freigelassen werde". Wir wissen nicht, ob der Minister sein Versprechen einhielt.

Es war größtenteils Mathews' Einfluss, der den Deutschen Reinhardt in unser Außenministerium brachte; er entwickelte sich dort übrigens zu einem geschickten Diplomaten.

Die Bankiers Boyd und Kerr hatten die revolutionären Génevois kennengelernt, als die Flüchtlinge von 1782 eine Million von der englischen Regierung erhielten. Sie ließen sich 1789 in Paris in der Rue d'Amboise und später in der Rue de Grammont nieder, stiegen in die Politik ein und standen in Geschäftsbeziehungen mit Philippe Égalité. Sie fungierten als Mittelsmänner, um einige Anführer der Französischen Revolution zu bezahlen; sie gehörten dem Club de Valois an.

Nachdem die Bank in der Rue de Grammont versiegelt worden war, musste Boyd 200.000 Pfund zahlen, um die Siegel aufheben zu lassen; dann hielt er es für klug, zu verkaufen und nach England zu fliehen. Dort wurde er von Pitt mit mehreren geheimen Missionen betraut.

Nach dem Tod Ludwigs XVI. schlossen sich Boyd und Kerr der Verschwörung von Jean de Batz an und wurden aus diesem Grund am 29. Prairial, Jahr II, verurteilt. In den Berichten des Comité de Salut public heißt es, dass Boyd und Kerr direkte Agenten von Pitt seien.[328]

Die Frey und Chabot bemühten sich darum, dass die Siegel, die auf ihren Papieren angebracht waren, aufgehoben wurden.

---

[328] *National Archives*, W. 389, n° 904.

Robespierre widersetzte sich dem, aber Batz gelang es durch Luilliers Vermittlung, alles, was mit seiner Verschwörung zu tun hatte, verschwinden zu lassen. Boyd war ein naher Verwandter des nach ihm benannten Mitglieds des englischen Parlaments.

Wir haben bereits darauf hingewiesen, dass das Revolutionskomitee der Kommune fast ausschließlich aus Ausländern bestand: der Schweizer Pache, die Italiener Pio und Dufourny, der Spanier Guzman, der Engländer Arthur[329], etc. J.-J. Arthur wird in den Tagebüchern Robespierres als einer der recht geschickten Patrioten bezeichnet. Er muss über ein stattliches Vermögen verfügt haben, denn ihm gehörte das Haus gegenüber dem Pavillon von Hannover, wie ein Prozess beweist, den er gegen die Familie von Richelieu führte.

J.-J. Arthur war mit Pache, Marat und der Proly-Bande, Gusman, Frey usw. verbunden. Als Vorsitzender der Sektion Piques bereitete er den Aufstand auf dem Champ de Mars vor. Als Mitglied des Zentralkomitees der Pariser Kommune sprach er oft im Jakobinerklub; er sagte auf Robespierres Antrag gegen Danton und Clavière aus; er gehörte dem Komitee an, das ernannt wurde, um den Unbestechlichen gegen den Konvent zu unterstützen. Es ist bekannt, dass Robespierre immer wieder die *Fraktion der Ausländer* anprangerte. In seinem Ausschuss waren fünf von acht Mitgliedern Ausländer, und dieses Detail konnte Zweifel an Robespierres Unabhängigkeit aufkommen lassen.

Arthur wurde am 12. Thermidor guillotiniert.

Dobsent (oder Dobsen), Vorsitzender des Revolutionstribunals; war ebenfalls englischer Abstammung. Er war es, der den Aufstand vom 31. Mai organisiert hatte. Dobsent war mit Lazowski und Desfieux befreundet und verkehrte mit der

---

[329] Arthur war in Paris als Sohn eines englischen Vaters geboren worden (V. Mathiez, *La Révolution et les étrangers*).

Bande von Proly und Pereyra. Der Sturz der Girondisten wurde bei ihren Treffen im Café Corazza[330] vorbereitet. Dobsent wurde zunächst mit den Hebertisten und erneut nach dem Aufstand vom 1er April 1795 verhaftet, nahm an den jakobinischen Umtrieben von 1799 teil und schaffte es immer wieder, sich aus der Affäre zu ziehen. Er wurde unter dem Kaiserreich zum Richter ernannt, obwohl in seiner Akte steht: „Talens médiocres, en dessous des fonctions qu'il aurait à exercer, etc."[331].

Graf Charles Stanhope, Mitglied der englischen Peer-Kammer, war durch seine erste Ehe Schwager von Pitt und durch seine zweite Ehe Schwiegersohn von Grenville. Nachdem er seine Jugend in Genf verbracht hatte, wo er die Schweizer Revolutionäre kennenlernte, wurde Stanhope zu einem der Führer der englischen Freimaurerei. In dieser Funktion musste er sich für die Französische Revolution interessieren, und tatsächlich spielte er eine wichtige Rolle in der Loge Les Amis Réunis, die den Sturz der Monarchie vorbereitete.[332]

Stanhope traf sich häufig mit Philippe Égalité und wiegte ihn zweifellos in der Hoffnung auf einen Wechsel der Dynastie. Nachdem der Thron gestürzt war, verlor Stanhope das Interesse an Frankreich und widmete sich wieder den Wissenschaften. Er erfand Additions- und Subtraktionsmaschinen und hinterließ einen Band über Elektrizität.

Ein weiterer englischer Gelehrter trug seinen Teil zur Verschwörung von 1789 bei: Priestley, geboren in Yorkshire, war Professor für Physik und Chemie; nachdem er reich geheiratet hatte, wurde er Pastor in Birmingham.

---

[330] A. Schmidt: *Paris pendant la Révolution, d'après les rapports de la police secrète*, S. 149 ff.

[331] *Nationalarchiv*, F. 7, 6504.

[332] Ein Vorfahre war maßgeblich an Laws Bankrott beteiligt gewesen.

Am 26. August 1792 wurde auf der Grundlage eines Berichts von Guadet einer Reihe von Ausländern aufgrund ihrer Dienste für die revolutionäre Sache per Dekret der Status eines Franzosen verliehen, unter anderem Priestley, Paine, J. Bentham, Wilberforce, Th. Clarkson, Mackintosch, David Williams, Madison usw. Die meisten von ihnen waren bereits in den 1960er Jahren in Frankreich geboren.

Von zwei Departements zum Mitglied des Konvents ernannt, wollte Priestley nicht sitzen; doch sein Einfluss war beträchtlich, denn Burges schrieb an Lord Auckland: „Priestley wird als der wichtigste Berater des Ministeriums angesehen. Man nimmt seinen Rat bei allen Gelegenheiten an"[333].

Als er den 14. Juli mit seinen Freunden in Birmingham feiern wollte, erlebte er die unangenehme Überraschung, dass sein Haus von dem über seine revolutionären Ansichten empörten Pöbel geplündert wurde. Er hielt es daher für klüger, England endgültig zu verlassen, und nach einem weiteren Aufenthalt in Frankreich ließ sich Priestley in Amerika nieder.

Als Presbyterianer nahm Priestley die Religion des Arminius an, wurde dann Arianer und später Socinianer; er blieb immer ein Feind des Katholizismus.

Priestley hinterließ zahlreiche gelehrte Werke. Ihm ist die Entdeckung des Stickstoffs zu verdanken.[334]

Neben diesen illustren Männern tummelte sich eine wahre Armee von englischen Verschwörern.

So wurde Thomas Christie, der aus einer Akademikerfamilie

---

[333] Papiere von Lord Auckland, 4. September 1792.

[334] Laudatio von Cuvier auf Priestley im Institut.

stammte, ein enger Freund von Danton und Cloots.

Paul Waiworth ist direkt beim englischen König angestellt.[335]

Sheare, einer der Liebhaber von Théroigne de Mericour, ist ebenso wie sein Bruder ein enger Freund von Roland und Brissot.

S. Der Journalist Perry isst mit Danton, Condorcet, Brissot und Santerre zu Abend; er sagt für Marat aus.

Pastor Goodwin gab seine Karriere auf, um sich mit der Revolution zu beschäftigen. Er war mit Paine befreundet und hinterließ Werke, die in England recht häufig gelesen wurden; M. H. Roussin hat ihm gerade einen Band gewidmet. Goodwin lebte mehr in London als in Paris, während seine Frau mehr in Paris als in London lebte; er hatte Mary Wollstonecraft geheiratet, die in verschiedenen Dokumenten als Professorin bezeichnet wird.

Frau Wollstonecraft-Goodwin griff Marie Antoinette auch nach ihrem Tod heftig an; sie war in ihren revolutionären Ideen so exaltiert, dass Horace Walpole sie eine „Hyäne in Unterröcken" nannte. Einer ihrer Freunde, Hamilton Rowan, ein irischer Agitator, der mit Robespierre befreundet war, verließ Paris sofort nach der Verhaftung des Unbestechlichen.

Lord Palmerston verkehrte demonstrativ in revolutionären Kreisen, während Lord Camelsford, ein Verwandter von Pitt und Grenville, sich mit einem Pass unter falschem Namen verbarg.

Der Abenteurer Newton wird zum Oberst der ersten Division der Nationalgarde ernannt.

Kerly, ein Agent der Bank Herries, der im Jakobinerklub sehr

---

[335] *Foreign Affairs Archives*, London, v. 577.

fleißig war, wird als Spion denunziert.

Quintin Cranfurd verschwor sich mit Fersen, um die Königin zu retten; es ist nicht bekannt, ob er sich wie seine Landsleute zunächst gegen die Monarchie verschworen hatte.

Der Graf von Devonshire ist Kommandant des Bezirks der Recken.

Wendling (oder Wendlen) ist Mitglied des Aufstandskomitees vom 31. Mai.[336]

Zu den Stammgästen im Salon von Madame de Condorcet zählten Lord Stormon, Lord Stanhope, Lord Dear, Jefferson, Bache, Franklin usw., nicht zu vergessen Anacharsis Cloots, der in die Hausherrin verliebt war.[337]

Der Schotte Swinton, der zusammen mit Brissot die Zeitung Le *Patriote Français* gründete, übte laut Louis Blanc den bizarren Beruf des „Spekulanten in Ausschweifungen" aus[338].

Ein englischer Kaufmann, Marshall, gründete 1789 die revolutionäre Zeitung *L'Union*. Blackwood, der während der Schreckensherrschaft als Agent des Auslands verhaftet wurde, wird von Chabot gerettet; es wird vermutet, dass seine Guineen nicht ohne Einfluss auf Chabots Wohlwollen geblieben waren.[339]

H.-R. Yorke rühmte sich, mit 22 Jahren an den drei

---

[336] *Actes de la Commune*, t. VII, S. 492.

[337] Michelet: *Die Frauen der Revolution*. A. Guillois: *Die Marquise de Condorcet*. A. Guillois: *Der Salon von Madame Helvétius*.

[338] Louis Blanc: *Histoire de la Révolution Française (Geschichte der Französischen Revolution)*.

[339] Vte de Bonald: *F. Chabot*, S. 138.

Revolutionen in Amerika, Holland und Frankreich teilgenommen zu haben[340]. Aber er musste sich jünger machen, denn während er 1789 zweiundzwanzig Jahre alt war, war er erst acht Jahre alt, als er 1775 zu einer Gefängnisstrafe verurteilt wurde, und zwölf, als er 1779 die Tochter seines Kerkermeisters heiratete. Er war mit Paine befreundet, gehörte dem Club der Freunde der Menschenrechte an, besuchte die Sitzungen des Konvents und verkehrte mit den führenden Jakobinern. H. Yorke hieß in Wirklichkeit Readhead. Ende 1793 wurde er vor dem Konvent als Agent des Auslands denunziert und floh in die Schweiz. Von ihm ist ein Werk mit dem Titel *Lettres de France* bekannt; es sind Bilder des französischen Lebens und der französischen Sitten unter dem Konsulat.[341]

Holcroft, der nacheinander Stallknecht, Schuhmacher, Schulmeister, Journalist, Schauspieler und Dramatiker war, geht nach dem Tod seiner drei Frauen in die Politik. Er übersetzte die Werke von Mirabeau ins Englische. Holcroft war mit Danton befreundet und mit seiner Familie verbündet.[342]

Smith ist Richter am Revolutionstribunal von Finistère; O'Brien ist Richter in Saint-Malo. Der Spion Ducket ist Sekretär von Léonard Bourdon.

Rutlidge (oder Rutledge) gehörte einer ausgezeichneten irischen Familie an. Unter Ludwig XV. kam er nach Paris, um sich zu amüsieren, und begann seine Karriere als Schriftsteller mit einer Tragödie in französischer Sprache. Unter Ludwig XVI. schrieb er für die „Quinzaine Anglaise" und ließ Komödien aufführen, die jedoch wenig erfolgreich waren. Als er von einem taktlosen Notar ruiniert wurde, konnte er sich keine Gerechtigkeit verschaffen; vielleicht war es dieses Unglück, das

---

[340] L. Fortiolis: *Ein englisches Mitglied des Konvents*.

[341] T. de Wyzewa: *Exzentriker und Abenteurer*.

[342] Seine Tochter heiratete Mergès, einen Neffen Dantons.

ihn in die revolutionäre Partei warf. Als Verfasser aufrührerischer Broschüren wurde er Ende 1789 wegen Kornraubs und Verbrechen gegen die Nation verfolgt. Im Châtelet eingesperrt, wurde Rutlidge dann als Kavalleriekapitän bezeichnet, obwohl er offenbar nie der Armee angehört hatte.

Im Jahr darauf wurde er aus der Haft entlassen und hielt in den Cordeliers sozialistische Reden. Rutlidge gehörte, wer weiß in welcher Funktion, zur Pariser Verwaltung der Subsistenzen[343]. Er wurde zusammen mit Proly und Desfieux verhaftet, weil er die Getreidepreise in die Höhe getrieben hatte. Er soll 1796 im Gefängnis gestorben sein[344]. Die sehr lange Liste seiner Werke wurde von A. Franklin in „Vie de Paris sous Louis XVI."-veröffentlicht.

Zwei reiche Engländer, die im Hotel Vauban in der Rue Richelieu untergebracht sind, geben unter den Namen Milord d'Arck und Chevalier d'Arck üppige und geheimnisvolle Abendessen, an denen Robespierre, Pétion, Buzot, Prieur, Antoine, Rewbell und Brissot teilnehmen.

Ein Agent von Pitt, Stanley, ist Mitglied der Sektion Mucius Scœvola[345]. Herr A. Mathiez vermutet, dass dieselbe Person unter dem Namen Staley als Vermittler zwischen Perrégaux und dem Foreign Office fungierte.[346]

Faeding, Agent der englischen Regierung in Calais, ist ein enger Vertrauter von Euloge Schneider.

Der irische Stiefelmacher Kavanagh wurde am 13. Juli 1789

---

[343] *Actes de la Commune de Paris*, t. III.

[344] *Das Privatleben früherer Zeiten* (Franklin).

[345] P. Caron: *Paris während des Terrors*.

[346] *Annales révolutionnaires*, August 1916.

als Anführer von Waffenräubern gefunden; er nahm an allen Aufständen und Massakern im September teil. „Als Feigling in Gefahr mordet er, wenn er es ohne Gefahr tun kann"[347].

Der Arzt und Rechtsanwalt Mackintosh, der eine Apologie der Revolution verfasst hatte, erhielt von der gesetzgebenden Versammlung den Titel eines französischen Staatsbürgers. Nachdem er seine Unterstützung für die Revolution zurückgebracht hatte, setzte er seine Verschwörungen auch in der Folgezeit fort; 1803 wurde er wegen Anstiftung zum Mord am Ersten Konsul strafrechtlich verfolgt.

Denis de Vitré, Sohn eines Kanadiers und einer Engländerin, leitete eine Manufaktur, die Philippe Égalité gehörte. Er war Mitglied der revolutionären Klubs von Paris, Rouen und Montargis und wurde am 16. Dezember 1793 bei den Jakobinern als Agent von Pitt denunziert.

Ch. Macdonald wird als englischer Spion hingerichtet.

VV.-B. James, Professor für Englisch, war einer der Sieger der Bastille; er wurde zum Sekretär des Jakobinerklubs ernannt. Als er Ludwig XVI. im Temple bewachte, griff er nach dem Stuhl des Königs, um ihn daran zu hindern, bequem zu lesen.

Zu den Siegern der Bastille zählten auch Th. Blackwell, ein enger Freund Dantons, und W. Playfair, der einen Plan zur Herstellung von gefälschten Assignaten verfasst hatte, um den Kredit der Republik zu ruinieren.

Hoffmann, Volfmann und Cook scheinen ein und dieselbe Person zu sein, die in der Aufstellung der von England pensionierten Holländer aufgeführt ist.

---

[347] Alger: *Englishmen in the French revolution,* S. 200.

Unser Außenministerium und in häufiger Korrespondenz mit Archibald Mitchell, der stark verdächtigt wurde, ein Spion Pitts zu sein.

Lord G. Gordon schrieb nach der Halsbandaffäre Artikel für Cagliostro, in denen er Marie-Antoinette beleidigte. Er wurde daraufhin zu fünf Jahren Gefängnis wegen Beleidigung englischer Richter verurteilt. Dieses Missgeschick hinderte ihn daran, 1789 nach Paris zu kommen, um mit seinen Landsleuten zusammenzuarbeiten. Gordon verließ den Protestantismus und nahm die jüdische Religion an[348]. Dieser Fall ist selten genug, um erwähnt zu werden.

Baron von Auerweck wird als Agent sowohl Englands als auch Österreichs denunziert. Als ungarischer Offizier wurde er in Frankreich Ingenieur; unter dem Namen Scheltheim kam er oft nach Paris.

Wir konnten nicht überprüfen, welche Haltung er im Jahr 1789 einnahm. In der Folgezeit arbeitete er jedoch mit Mrs. Atkins zusammen, um die Gefangenen aus dem Temple zu befreien, und zeigte seine Ergebenheit gegenüber der königlichen Familie.[349]

Es ist auch schwierig, die Rolle von Lady Kerry zu beurteilen. Sie war zweimal verwitwet, ein drittes Mal wiederverheiratet *und* spielte in ihren Pariser Salons. Am Vorabend des 20. Juni verließen die Prinzessin von Lamballe, die Herren de Lage und de Ginestous ihr Haus, nachdem sie ihren letzten Cent verloren hatten.[350]

---

[348] Burke: Reflections *on the French Revolution (Überlegungen zur Französischen Revolution).*

[349] F. Barrey: *Frau Atkins und das Temple-Gefängnis.*

[350] R. Arnaud: *La Princesse de Lamballe (Die Prinzessin von Lamballe).*

Richard Ferris wird vom Exekutivrat eingeladen, nach Frankreich zu kommen und seinen Aufenthalt dort zu verlängern, um eine nützliche Operation im Dienste der Republik durchzuführen (21. August 1793).

Kapitän Frazer, Walsh, Kerny und Mahew werden in den Berichten unserer diplomatischen Vertreter als Agenten Englands denunziert.

Zu den regelmäßigen Besuchern der Sitzungen der Jakobiner gehörten J. Stanley of Alderley, Wendham, R. Watt, Wilson Huskisson, Pelham, der spätere Lord Chichester und andere.

Zu den Mitarbeitern der Revolutionäre gehörten auch G. Lupton, P. Wentworth, S. Deane, Thomas, Muir, Melvile, O'Drusse, Ghym, Samson Pegnet, Redakteur einer patriotischen Zeitung, etc.[351]

Kann man ernsthaft behaupten, dass sich eine solche Menge von Engländern durch Zufall in Paris versammelte, um auf den Sturz der Monarchie hinzuarbeiten? Neben Abenteurern, die das Chaos zum Plündern und Stehlen nutzen wollten, waren auch Offiziere, Literaten und ehemalige englische Beamte anwesend, die persönlich nichts von einem Regimewechsel in Frankreich zu erwarten hatten.

Ist es nicht wahrscheinlicher, an einen organisierten Plan zu glauben und mit Robespierre zu schlussfolgern: „Diese Ausländer, die sich bemühen, republikanischer als die anderen zu erscheinen, sind in Wirklichkeit nur die Agenten der Mächte"[352].

---

[351] *Archives nationales*, F. 7, 6468. *Archives of Foreign Affairs*, London, v. 587. Conway: *Paine*. Holland Rose: *W. Pitt.*

[352] Sitzung des Konvents, 9. Oktober 1789.

Neben den englischen Agenten arbeiteten eine große Anzahl französischer Politiker, die verdächtigt wurden, im Sold Englands zu stehen. Zweifellos konnte es bequem sein, sich eines Gegners zu entledigen, indem man ihn als Pitts Agenten denunzierte, und Robespierre missbrauchte dieses Regierungsverfahren; doch allzu oft schienen seine Anschuldigungen begründet.

Chabot behauptete, dass Héberts Frau eine Agentin von Pitt war[353]. In den Memoiren von Louvet (Seite 9) ist zu lesen, dass Chaumette zusammen mit Marat einer der wichtigsten Agenten des Auslands war.

Als Soulavie Geschäftsträger in Genf war, sammelte er über die Agenten Englands eine Reihe von Informationen, die hier zusammengefasst werden: „Marat nahm seine Anweisungen in London entgegen... Clavière wurde zur Zerstörung der Monarchie eingesetzt, indem er den Faubourg Saint-Antoine am 20. Juni und die Marseillais und andere am 10. August bezahlte... Die Unruhen in Lyon wurden von England bezahlt... Santerre war der Verteiler der Gratifikationen von Pitt."

Laut dem Sekretär des Komitees für allgemeine Sicherheit[354], wurde Santerre damit beauftragt, die von Pitt gespendeten Gelder zu verteilen. Bei ihm wurden englische Briefe gefunden, in denen die Ankunft von mehreren Millionen angekündigt wurde.

Dubois Crancé ist ein Komplize von Dufourny[355]. Lucile Desmoulins gibt an, Geld von der englischen Regierung zu erhalten. Während Hébert Camille Desmoulins als verkauft an Pitt denunziert, werden die Hébertisten aus genau demselben

---

[353] *Annales révolutionnaires*, Januar 1914.

[354] *Mémoires de Sénar*, S. 10. Diese Anschuldigung wird durch Soulavies diplomatische Korrespondenz bestätigt.

[355] Buchez und Roux: *Histoire parlementaire*, t. XXXIII, S. 169.

Grund verurteilt. Fast alle Revolutionäre werfen sich die gleiche Anklage an den Kopf und man muss an das Sprichwort denken: „Es gibt keinen Rauch ohne Feuer."

Andere Personen sind zwar nicht von England bestochen, stehen aber unter seinem Einfluss, vielleicht unbewusst. Welche geheimnisvolle Verhandlung verlangt, dass Pétion mit Sillery nach London reist, um mit Pitt zu konferieren[356] ? Condorcet und Fox, Brissot und Sheridan stehen in ständigem Briefwechsel. Brissot, der in Mrs. Macaulay (Catherine Sanbridge) verliebt war, übersetzte ihre Werke, in denen sie unsere Revolution lobte.

Lanthenas' Reden sind von Pigott und David Williams inspiriert[357]. Bancal verkehrt mit Quäkern und Engländern, die an unserer Revolution mitarbeiten [358]. Roland, Bancal und Lanthenas sind so eng mit Pigott verbunden, dass sie planen, sich mit ihm auf einem großen, vom Klerus konfiszierten Landgut niederzulassen.[359]

Roland, Jean-Bon-Saint-André und Barère sind Mitglieder der „Society for constitutional information"[360].

Mourgues, der nach Rolands Abreise Innenminister wurde, schrieb 1792: „Mein Vater wurde in England erzogen; ich habe meine Erziehung dort beendet. Ich führte meine Brüder und meine Schwester in die Gegend von Bath, wo ihre Erziehung von dem Teil meiner Familie überwacht wird, der während der Aufhebung des Edikts von Nantes in dieses Land geflohen

---

[356] Buchez und Roux, T. XXVI, S. 271.

[357] Korrespondenz von Frau Roland, S. 699.

[358] Korrespondenz von Frau Roland, S. 743.

[359] Korrespondenz von Frau Roland, S. 679.

[360] Holland Rose: *W. Pitt*.

war.".[361]

Wir veröffentlichen in Kapitel XI Dokumente, die auf Dantons Schuld schließen lassen. Er selbst erklärte in einem kürzlich von Herrn Albert Mathiez veröffentlichten Bericht: „Es ist ziemlich offensichtlich und bewiesen, dass die Kabinette in London und Wien dazu beitragen konnten, die Brissotins zu stürzen"[362].

---

[361] *Foreign Affairs Archives*, London, v. 583.

[362] *Annales révolutionnaires*, April 1916.

KAPITEL X

WOHER DAS GELD KOMMT

„Den Einfluss des Auslands auf die Französische Revolution zu leugnen, hieße, die Evidenz selbst zu leugnen", schreibt Hamel[363]. Man könnte mit derselben Gewissheit behaupten: Die Geldopfer des Auslands zugunsten der Revolutionäre zu leugnen, hieße, die Evidenz selbst zu leugnen.

Wenn Taine von *spontaner* Anarchie spricht, scheint er völlig falsch zu liegen: Die meisten Zeitgenossen der Revolution erwähnen, dass die Aufrührer Geld in den Taschen haben.

In Mirabeaus Korrespondenz ist zu lesen:

„Der Tod von Foullon hat hunderttausend Pfund gekostet; der des Bäckers François einige tausend Pfund". Bailly teilt seine Meinung.

Danton sagte zu Lavaux[364]: Heul mit uns, du *wirst viel Geld verdienen* und danach frei sein, deine Partei zu wählen.[365]

---

[363] *Histoire de Robespierre, Bd.* III, S. 88.

[364] Sybel: *Histoire de l'Europe, Bd.* I, S. 96.

[365] Der gleiche Satz wird mit anderen Worten von Chateaubriand, *Mémoires d'outre-tombe,* wiedergegeben.

Während der Oktobertage 1789 verteilte Théroigne de Méricour Geld an Soldaten und den Pöbel.

Charles Lameth schrieb am 3. Juli 1790 an Godad: „Arbeiten Sie mit demselben Eifer; Geld ist nicht das, was mich aufhält." Etwas später fügte er hinzu: „Wir bezahlen die Stammgäste der Tribünen (der Nationalversammlung); wir lassen uns von hundert Soldaten applaudieren, die wir mit dem Namen des Volkes schmücken"[366].

Laut Moore erhielt das Publikum auf den Tribünen, das sorgfältig rekrutiert und diszipliniert wurde, zwischen vier Sous und drei Pfund pro Sitzung. Die Anführer erhielten zwischen zehn und fünfzig Pfund.[367]

Deshalb wurden die heftigsten Redner mit Applaus überschüttet und die gemäßigten mit Buh-Rufen begrüßt. Ängstliche oder unentschlossene Abgeordnete ließen sich von der öffentlichen Meinung mitreißen, da sie nicht wussten, dass diese gefälscht war.

„Man weiß nicht", so M. de Bonald, „wie viel Gewalt, Intrigen und Geld es gekostet hat, das Volk zu Unruhen zu verleiten"[368].

Ein Bericht von Sergeant Marceau an die Nationalversammlung gab zu, dass der Aufstand auf dem Champ de Mars „von Aufrührern, Ausländern, organisiert wurde, die dafür bezahlt wurden, Unordnung zu stiften"[369].

---

[366] *Nationalbibliothek*, L. b. 39, 9040.

[367] Moore: *Views of the French Revolution*, T. I, S. 426.

[368] De Bonald: *Considérations sur la Révolution Française*, S. 22.

[369] R. ARNAUD: *Der Sohn von Fréron* (Procès-verbaux de l'Assemblée

1789 wurden die Aufrührer „von einer fast unsichtbaren Hand, die die Unordnung bezahlt und reichlich dafür bezahlt" nach Paris gelockt[370]. Zur Zeit der Oktobertage wurden angeblich sieben Millionen aus dem Ausland geschickt.

Die Geldverteilungen an die Aufständischen werden von Marmontel, Bezenval, Montjoie, dem Marquis de Vergennes und einer Vielzahl von Zeitgenossen bestätigt. Uneinigkeit herrscht nur über den Lohnsatz, den Lafayette auf zwölf Francs pro Tag schätzte, während andere von sechs Francs sprachen. Die Preise variierten zweifellos je nach Tag; die Uneinigkeit ist also nur scheinbar. Mettra, ein Geheimagent unseres Außenministeriums, schrieb: „Es ist offensichtlich, dass die Oberfläche Frankreichs von geheimen Agitatoren bedeckt ist. Als ich meinen Pass beim Verlassen von Paris abstempeln ließ, sah ich, wie ein Mann zwei zusammenhängende Fünf-Pfund-Assignaten aus seiner Tasche zog.

Man schien erstaunt über den Reichtum eines unglücklichen, zerlumpten Mannes. „Das ist", antwortete er, „was man gestern an die Sieger der Bastille verteilt hat"[371].

Diese Aussagen werden von ausländischen Diplomaten bestätigt: So schreibt der Vogt von Virieu, Minister von Parma in Paris, am 3. Mai 1789[372]: „Man hat zerlumpte Männer festgenommen, die die Taschen voller Gold hatten". Die verletzten Aufrührer hatten alle zwischen zwölf und sechsunddreißig Francs bei sich. Muss man denn", stöhnte einer von ihnen, „wegen zwölf miserablen Francs so behandelt

---

nationale).

[370] G. Bord: *Der Sturm auf die Bastille.*

[371] *Archiv des Auswärtigen Amtes,* Berlin, Beilage, Nr. 9.

[372] Grouchy und Guillois: *Die Französische Revolution, erzählt von einem Ausländer.*

werden!

Baron de Staël Holstein berichtet, dass ein Abgeordneter, der sich bemüht hatte, eine Gruppe exaltierter Demonstranten zur Mäßigung zu bewegen, von einem Mann angesprochen wurde, der auf ihn zuging und ihm zwölf Francs zeigte, die er in seiner Hand hielt: „Was Sie sagen, ist wohl wahr, aber Ihre Gründe sind nicht so gut wie diese[373].

Im Jahr darauf berichtete Staël Holstein von der Verhaftung eines Berliner Buchhändlers in Paris, der beschuldigt wurde, Geld verteilt zu haben, um das Volk aufzuwiegeln.

In Chabrouds Bericht an die Nationalversammlung über die Oktobertage ist die Rede von einer Fraktion, die „sich der Ausgabe von fünfzehn Millionen pro Monat sicher war. Man hat die Feinde Frankreichs verdächtigt... 45.000 Pfund wurden an das Regiment von Flandern verteilt; fünfzig Glaser wurden zu einem Louis angeworben".

Was die Septemberschlächter betrifft, so betrug ihr Lohn einen Louis pro Tag, zahlbar an das Komitee der Vier Nationen. Die Dokumente, die diese Tatsache belegen, existieren in den Papieren des Grafen Garnier.[374]

Mehrere Historiker haben behauptet, dass einer der Gründe für die Revolution die Hungersnot von 1789 war. Wie aber lautete die Sprache der Revolutionäre, die den König beschuldigten, der Not seiner Untertanen nicht zu Hilfe zu kommen? Von allen Mitteln, das Volk zu bewegen", so Alexandre Lameth, „gibt es kein mächtigeres, als ihm das Bild

---

[373] Diplomatische Korrespondenz des Barons de Staël Holstein.

[374] Mortimer Ternaux: *Histoire de la Terreur*, t. III, S. 275, 521 ff. - Laut Dr Lebon wurden einige der Massakerer mit vierundzwanzig Pfund pro Tag entlohnt.

der Hungersnot vor Augen zu führen. Mit zweihunderttausend Louis könnte man in Paris durch außergewöhnliche Einkäufe Alarme erzeugen, deren Folgen unberechenbar wären"[375].

Man kann diesen Satz mit den Anweisungen vergleichen, die 1793 bei einem englischen Agenten beschlagnahmt wurden: „Halten Sie die hohen Preise aufrecht und lassen Sie die Händler alle Artikel des Grundbedarfs an sich reißen"[376].

„Woher hat Fabre d'Églantine, der vor dem 2. September arm war, die 12.000 Livres an Renten, die er zu besitzen gestanden hat, genommen? Woher nimmt er das Geld, um sein Hotel, sein Segelschiff, seine Leute und seine Töchter zu unterstützen? Und Lacroix, der nicht auf Guadets Anklage bezüglich der Verhandlungen über Millionen, die der Hof ihm aufgetragen hatte, mit Pétion zu beginnen, geantwortet hat? Und Panis und so viele andere, deren plötzlicher Reichtum auf den September zurückgeht"[377].

Woher kommt das Geld von Héron, der 1789 ohne jegliches Vermögen ist und 1793 Opfer eines Wertpapierdiebstahls im Wert von achthunderttausend Francs wird? Dennoch bleibt er wohlhabend genug, um Sénar eine Rente von sechstausend Francs und eine Summe von dreitausendsechshundert Francs in bar anzubieten, unter der Bedingung, dass er ihn von seiner Frau befreit, indem er sie auf eine Liste von Verdächtigen setzt.

Wie kommt der Amerikaner Fournier in den Besitz des Schlosses Basancourt in Seineet-Oise?

Hébert hinterließ nach Angaben von Mallet du Pan mehr als

---

[375] G. Bord: *Die revolutionäre Verschwörung von 1789.*

[376] *Nationalarchiv,* A. D' 108.

[377] Porträt der Dantonisten, von Brissot *(Annales révolutionnaires,* Juni 1911).

zwei Millionen Vermögen.

Duprats Schulden in Höhe von sechzigtausend Franken wurden 1793 plötzlich beglichen. Im Gegenzug soll er angeblich eine anglo-preußische Gegenrevolution anzetteln.[378]

Fabre d'Églantine gestand Marat zwölftausend Livres an Renten, die er in einem Jahr erworben hatte[379]. Chaumette, ein Komplize von Cloots, schickte seinem Vater große Summen, die der Großzügigkeit von Pitt zugeschrieben wurden[380]. Viele andere werden von Barbaroux beschuldigt; man hätte ihm antworten können, dass er selbst nicht in der Lage war, den Verwandten zu nennen, der ihm gerade achtzigtausend Francs vermacht hatte.

Gonchon, der Redner des Faubourg Saint-Antoine, befand sich mit der Gräfin von Bohm im Gefängnis und gestand ihr, dass ihm jeder Aufruhr dreißig- bis vierzigtausend Pfund bezahlt wurde.[381]

Sybel zufolge wurde das Geld für den Unterhalt der Randaliererbanden „von Spekulanten wie den Brüdern Frey und vom Herzog von Orléans" bereitgestellt. Doch die Freys waren zu praktische Leute, um ihr eigenes Geld zu verteilen. Sie konnten nur als Mittelsmänner fungieren, die entweder im Auftrag der Freimaurerei oder im Auftrag des Auslands handelten.

Die internationale Freimaurerkasse besaß im Jahr 1789 nach einigen Autoren etwa zehn Millionen, nach anderen zwanzig

---

[378] Buchez und Roux: *Histoire parlementaire*, t. XXVI, S. 300.

[379] *Nationalarchiv*, A. F" 45, Register 355.

[380] Buchez und Roux: *Histoire parlementaire*, t. XXXII.

[381] La Comtesse de Bohm: *Les prisons en 1798 (Die Gefängnisse im Jahr 1798)*. G. Bord: *Die revolutionäre Verschwörung von 1789*, S. 117.

Millionen. Diese Zahlen sind wahrscheinlich stark übertrieben, aber die Ressourcen der Sekte waren sicherlich beträchtlich. Ihr Großmeister, der Herzog von Orléans, verfügte über ein prächtiges Vermögen, aber die Meinung der Zeitgenossen war, dass die von ihm gezahlten hohen Summen nur zu einem sehr geringen Teil in die Ausgaben der Verschwörung einflossen.

Eine Revolution in Frankreich spielte allen Regierungen in die Hände. Wir haben die Politik Preußens und seine Pläne, sich in Deutschland zu vergrößern, dargelegt.

Die französisch-österreichische Verständigung beunruhigte das Haus Savoyen. Russland bereitete ebenso wie Preußen die Aufteilung Polens vor, und die französische Monarchie widersetzte sich dem. Katharina II., die besser informiert war als Ludwig XVI., erfuhr von den Plänen der Freimaurerei und beeilte sich, sie in ihren Staaten zu verbieten; im Gegensatz dazu konnte ihr die Vorbereitung der Revolution in Frankreich nicht missfallen und sie machte einmal folgendes Geständnis: „Ich zerbreche mir den Kopf, um die Höfe in Wien und Berlin dazu zu bringen, sich in die Angelegenheiten Frankreichs einzumischen, damit ich meine Ellen frei habe."

Aber der jahrhundertealte Feind der französischen Monarchie war England. Keine andere Macht hatte ein so großes Interesse daran, Unruhen und Bürgerkrieg in Frankreich zu fördern. Unsere alte Rivalität mit England war durch den Amerikanischen Krieg entfacht worden, und die britische Regierung suchte nach einer Gelegenheit, sich zu rächen.

Pitt, der gerade an die Macht gekommen war, war von seinem Vater zum Hass auf Frankreich erzogen worden[382]. Auckland gab zu, dass „es der Wunsch Großbritanniens ist, Frankreich zu einem politischen Nichts zu machen". Chatham war der Ansicht,

---

[382] VIDALIN: *William Pitt.*

dass sein Land „niemals die Vorherrschaft über die Meere und den Handel erlangen würde, solange die Bourbonen-Dynastie existiert". Mehr noch, Lord Mansfield hatte es gewagt, im Parlament zu erklären, dass „das Geld, das ausgegeben wird, um in Frankreich einen Aufstand zu schüren, gut investiertes Geld ist"[383].

England konnte Gold in Frankreich streuen, ohne seinen Haushalt zu sehr zu belasten, während ein Krieg mit Risiken verbunden war und ruinös sein konnte. Andererseits waren die britischen Finanzen zwar in einer besseren Lage als die unseren, aber die französische Marine war der An lehm-Marine überlegen.

Zusammenfassend lässt sich also sagen, dass die Unruhen von einem unsichtbaren Syndikat bestochen wurden; England hatte ein großes Interesse daran, die französische Monarchie zu zerstören. *Ist* es nicht an der Zeit, an das alte Axiom des römischen Rechts zu erinnern: „*Is fecit cui prodest*".

Es war übrigens allgemein bekannt, dass alle Umwälzungen von der britischen Regierung angezettelt und bezahlt wurden; an den Höfen, in den Salons und in den Clubs wurde Pitt als Urheber der Unruhen angeklagt. Die ausländischen Diplomaten stimmten in diesem Punkt mit unseren Agenten überein. Warum also bestritten die Historiker dies? Zweifellos, um den Ruf der großen Männer der Revolution zu retten. Denn was wird aus diesen Helden, wenn zufällig Lafayettes Satz wahr ist: „Das englische Geld dient dazu, Danton, Petion, Barère, Tallien, Merlin de Douai, Robespierre, Sieyès usw. zu kaufen"[384].

In solchen Fällen ist der Beweis jedoch sehr schwer zu erbringen, da Politiker, die sich verkaufen, selten eine Quittung

---

[383] Sorel: *L'Europe et la Révolution Française*, Bd. III, S. 462.

[384] *Mémoires de Lafayette,* T. IV, S: 138. Mathiez: *Les journées des 5 et 6 Octobre.*

unterschreiben. Ein sehr merkwürdiger Brief, der bei einem englischen Agenten sichergestellt wurde, enthielt folgende Worte: „Mylord (es war gerade von Pitt die Rede) wünscht, dass Sie nicht daran denken, irgendwelche Rechnungen zu schicken oder zu führen. Er wünscht sogar, dass alle Protokolle vernichtet werden, da sie, sollten sie gefunden werden, für alle unsere Freunde in Frankreich gefährlich sein könnten."[385]. In diesem Brief, der an den Vorsitzenden des englischen Komitees in Lille und Saint-Omer gerichtet war, wurde zweimal empfohlen, nicht mit Geld zu haushalten.

Laut Granier de Cassagnac [386] gab es eine Reihe von Quittungen; sie wurden von Savary auf Befehl von Napoleon Ier verbrannt. Es scheint sich aber vor allem um Beträge gehandelt zu haben, die der Herzog von Orléans gezahlt hatte. In Ermangelung von Quittungen hätte man Korrespondenzen finden müssen, die die Schuldigen belasteten. Es ist jedoch bemerkenswert, dass in jedem Verhaftungsprotokoll von 1792 bis 1794 die Versiegelung der Papiere der Angeklagten erwähnt wird. Oftmals wird auch auf zahlreiche Briefe in englischer Sprache hingewiesen. Nur haben die Nationalarchive diese Briefe nicht aufbewahrt; stattdessen wurden Rechnungen von Wäscherinnen und Schneidern gewissenhaft aufbewahrt. Zweifellos mussten Savary oder andere eine, Säuberung durchführen.

Danton, der von Lafayette förmlich angeklagt wurde, hatte sehr warme Anhänger, die seine Ehrlichkeit verteidigten. Leider gibt es gegen ihn eine schreckliche Fülle von Zeugenaussagen; Garat, Brissot, Mirabeau, Rœderer, Bertrand de Molleville, Robespierre, Madame Roland, Levasseur, Louis Blanc, Thiers, Mignet usw. bestätigen seine Käuflichkeit. Daher kommt Herr L. Madelin in einem kürzlich erschienenen Band zu folgendem

[385] *Nationalarchiv,* A. D' 108.

[386] Granier de Cassagnac: *Causes* de *la Révolution Française,* S. 146 ff.

Schluss: „Danton hat Geld vom Hof und vielleicht *von einigen* anderen erhalten"[387].

Sind diese anderen vielleicht die Engländer? Das Gerücht wurde 1793 verbreitet. Man sollte einem diplomatischen Dokument, das Danton als Agenten Pitts ausweist, nicht zu viel Bedeutung beimessen, denn gleichzeitig wird er als Engländer bezeichnet; Herr de la Luzerne, Botschafter in London, schrieb am 26. November 1790 an Herrn de Montmorin: „Es gibt in Paris zwei Engländer, der eine heißt Danton, der andere Paré, die einige Leute verdächtigen, die eigenartigsten Agenten der englischen Regierung zu sein". Gegenüber dem Namen Dantons stehen am Rand des Briefes die Worte: „Président du d^t des Cordeliers". Diese Notiz ist jedoch mit Bleistift und in einer anderen Handschrift als die des Botschafters.[388]

Dennoch handelt es sich nach der Meinung von Herrn Albert Mathiez[389] sehr wohl um den berühmten Tribun: Paré war, wie er sagt, Dantons wichtigster Schreiber. Wenn er im Besitz des Briefes war, den wir auf Seite 231 zitieren, dann war er einer der Agenten Englands. Wenn Herr de la Luzerne glaubt, dass Danton Engländer ist, dann deshalb, weil sein Halbbruder in London lebte und mit ihm auf Englisch korrespondierte. Beide sprachen diese Sprache sehr gut.

Was Robespierre betrifft, so haben wir keine ernsthaften Dokumente gefunden, die Lafayettes Anschuldigung bestätigen. Aber ein Brief von Charles Lameth macht deutlich, dass Robespierre nicht so unabhängig war, wie seine Apologeten behauptet haben, sondern den Anweisungen der okkulten Macht zu gehorchen schien: „Der Freund Robespierre beschimpft, verleumdet, das ist das Mittel, um mit nichts fertig zu werden.

---

[387] L. Madelin: *Dantons letztes Jahr* (1914).

[388] *Foreign Affairs Archives*, London, v. 571.

[389] Danton und das englische Gold. *Revolutionäre Annalen* vom April 1916.

Wann kann ich diesen Narren loswerden? Er hat nur so viel gesunden Menschenverstand, wie nötig ist, um die Anweisungen, die man ihm gibt, zu befolgen, und damit will er immer seinen Teil dazu beitragen. Man ist sehr zu bedauern, wenn das Glück einen zwingt, solche Leute zu beschäftigen." Nachdem sein Brief gerade durch einen Besuch Robespierres unterbrochen worden war, fuhr Lameth mit folgenden Worten fort: „Das Volk kennt uns nicht, es ist sogar in unserem teuersten Interesse, dass es uns nie kennenlernt, sonst steht die Laterne still... Arbeiten Sie mit demselben Eifer. Ihr wisst, dass Geld nicht das ist, was mich aufhält, und außerdem, welche Belohnung euch versprochen wird"[390].

Das von Lameth so großzügig verteilte Geld konnte aus zwei Quellen stammen, aus England und vom Herzog von Orléans.

In den Memoiren der Zeit herrscht so gut wie Einigkeit darüber, dass die ersten Unruhen von 1789 Philippe Égalité zugeschrieben werden[391]. Der einzige umstrittene Punkt ist dieser: Verteilte er nur sein eigenes Geld oder verteilte er auch das Geld Englands. Den Memoiren von Madame Campan zufolge waren der Ehrgeiz des Herzogs von Orléans und das englische Gold die beiden Ursachen für die Revolution.

Vaudreuil schrieb 1790 an den Grafen von Artois: „Bald wird die königliche Familie in der Macht eines rebellischen Prinzen sein, der von dem Geld und den Kräften Englands unterstützt wird"[392].

„Die Summen, die man unter das Volk streut, lassen sich nicht durch das Vermögen selbst des Herzogs von Orléans

---

[390] *Brief an Godad,* 3. Juli 1790, Bibl. nationale, Lb 39, 9040.

[391] Die kürzlich veröffentlichte Korrespondenz von Frau de Lostanges bestätigt diese Aussagen einmal mehr. (Brief vom 3. Juli 1789).

[392] Korrespondenz von Vaudreuil, 17. Juni 1790.

erklären"[393], sagte M. de Staël Holstein. Es reichte in der Tat nicht aus, die ersten Aufstände zu bezahlen; die Anführer der Bewegung mussten von 1789 bis 1794 bezahlt werden.

Rivarol wies auf das Gerücht hin, dass „das vom Herzog von Orléans verteilte Gold den Engländern gehörte... Man muss warten, um sich dazu zu äußern, bis Herr Pitt sich zu den vierundzwanzig Millionen geheimer Ausgaben erklärt hat, von denen er im Unterhaus gesprochen hat"[394].

In den unveröffentlichten Erinnerungen des Konventsmitglieds J.-P. Picqué heißt es: „Pitt gründete sein Projekt und fast das gesamte revolutionäre System auf den Herzog von Orléans"[395].

Die Meinung von A. Geffroy[396] ist, dass die „Fraktion des Herzogs von Orléans von England bestochen wurde".

Der Baron von Staël-Holstein schrieb am 29. August 1789 an seine Regierung: „Man verdächtigt mit großer Wahrscheinlichkeit England, die Unruhen zu schüren und zu unterhalten. Am 22. Oktober fügte er hinzu: „Die erste Partei, die eher eine Verschwörung als eine Partei genannt werden muss, hat Herrn Herzog von Orléans als Anführer und England als treibende Kraft."[397]

Laut M. Dard „verbirgt England, allem Anschein nach, seine

---

[393] Correspondance diplomatique du Baron de Staël Holstein, S. 142.

[394] Memoiren von Rivarol.

[395] Siehe *Revue historique de la Révolution Française (Historische Zeitschrift der Französischen Revolution)*, Dezember 1915, S. 271.

[396] *Gustav III. und der französische Hof*, T. II, S. 95.

[397] Correspondance diplomatique du Baron de Staël Holstein, S. 142.

Aktion hinter der Orleanistischen Partei"[398].

Es scheint möglich, dass der Herzog von Orléans die Subventionen, die England seinen Anhängern zur Verfügung stellte, ignorierte. Mrs. Elliot (Grace Dalrymple), die mit Philippe Égalité auf der letzten Seite stand, berichtet, dass „die Fraktion von Orléans ihn nicht einmal zu ihren Operationen befragte und seinen Namen benutzte, um Gräueltaten zu begehen" [399]. Diese Meinung erklärt Camille Desmoulins' scherzhafte Hypothese: „Philippe Égalité gehörte vielleicht gar nicht zur Fraktion von Orléans".

Es war übrigens nicht der Prinz, der die Freimaurerei, deren Großmeister er war, leitete: Er hätte bereits das Geständnis eines Operettengenerals formulieren können: „Ich muss ihnen wohl folgen, da ich ihr Anführer bin".

Zweifellos lag Bezenval (wie viele andere) richtig, als er in seinen Memoiren von Briganten sprach, die „vom Herzog von Orléans und von England bestochen" wurden. Es wäre jedoch verwegen zu behaupten, dass der Prinz Geld von England erhalten habe. Es stimmt, dass Jefferson die Meinung äußert, dass „man den Herzog von Orléans als Instrument benutzt... der Prinz steht mit dem Hof in London in Verbindung. Er zweifelt nicht daran, dass das Ministerium ihm beträchtliche Summen zur Verfügung stellen wird, um den Bürgerkrieg zu schüren"[400].

Jefferson liefert keinen Beweis für seine Behauptung; Mrs. Elliot war über die Handlungen des Herzogs von Orléans besser informiert als er, und die „Orléans-Fraktion" könnte vom Londoner Kabinett ohne Wissen des Prinzen bezahlt worden sein. Herr Madelin kündigt uns eine Biografie von Philippe

---

[398] DARD: *Choderlos de Laclos,* S. 226.

[399] Memoiren von Mrs. Dalrymple-Elliot, S. 37.

[400] Jefferson: *Complete Works,* T. III.

Égalité von Herrn Britsch an; hoffen wir, dass sie diesen Punkt der Geschichte aufklärt, wenn sie erscheint.

Als er von der Krankheit des englischen Königs erfuhr, schrieb er: „Wenn Georges ganz fällt, wissen Sie, was Fox und Grenville mir versprochen haben; dann wäre alles in Ordnung."[401]

König Georg hatte weder Sympathie noch Hochachtung für Philippe Égalité, aber seine Minister wiegten den Prinzen in der Hoffnung auf einen Dynastiewechsel.

In den unveröffentlichten Erinnerungen von I.-P. Picqué, Abgeordneter der Hautes-Pyrénées im Konvent, heißt es: „Pitt war wirklich der unsichtbare oder sichtbare Führer einer Partei, die die Bewegungen und einen Wandel leitete, der der Regierung entgegengesetzt war...

„England hatte in Basel und Paris seine Mitwisser und Bankiers, weit verbreitete, gut stilisierte Agens, die den Tarif für Aufstände hatten..."[402]

In seinem Bericht über das Comité de Salut Public schrieb Cambon: „Seit ich sehe, dass Pitt fünf Millionen Sterling für geheime Ausgaben erhält, wundere ich mich nicht mehr, dass man mit diesem Geld Unruhen in der ganzen Republik sät.

Barère prangerte 1793 die Ankunft englischer Spione und Agitatoren in allen unseren Departements an. Dubois-Crancé berichtete, dass William Pitt den Aufständischen in Lyon vier

---

[401] Brief an. Choderlos de Laclos, 10. März 1790. Siehe DESCHAMPS: *Les Sociétés secrètes*, t. II, S. 149.

[402] *Revue historique de la Révolution Française*, Seiten 271-275.

Millionen geschickt hatte.[403]

In Barras' Rechtfertigungsschrift[404] heißt es: „Petitval hatte von der Frau von Monciel für eine sehr beträchtliche Summe, ich glaube 25.000 Pfund, die Liste der ehemaligen Konventsmitglieder und der Mitglieder der beiden Räte gekauft, die Subsidien aus England erhielten."

William Pitts Verfahren wurden übrigens auch weiterhin von der englischen Diplomatie angewandt: So sah Leutnant La Roche, der 1830 die Barrikade auf dem Boulevard de la Madeleine räumen sollte, wie Engländer Geld an die Randalierer verteilten.[405]

Nicht nur in Frankreich ließ das britische Gold die Politiker handeln. Während Fersen in Bezug auf unsere Unruhen erklärte: „Ich glaube an die Argumente des britischen Goldes"[406]. Unsere Diplomaten schrieben aus Berlin: „Alle Personen, die Zugang zum König von Preußen haben, werden an England verkauft... Die Gräfin von Bruhl, die Frau des Gouverneurs des königlichen Prinzen, ist Engländerin und fanatisch in dem doppelten Gefühl der Liebe zu ihrem Land und des Hasses auf Frankreich... Der Hofarzt, ein Mann von großem Geist, ist Engländer."[407].

Achtzehn Monate später sagte der Marquis de Moustiers:

---

[403] A. Mathiez: *La Révolution et les étrangers (Die Revolution und die Ausländer)*, Kap. IX.

[404] *Revue Historique*, Mai 1918 (Artikel von Doney Lachambaudie).

[405] *Souvenirs d'un officiel de gendarmerie*, veröffentlicht vom Vicomte de Courson. Siehe den Artikel von Félicien Pascal in *1 Echo de Paris* vom 1.er August 1914.

[406] Lady Blennerhasset: *Mme de Staël und ihre Zeit*, S. 26.

[407] *Archiv für Auswärtige Angelegenheiten*, Berlin, Jahr 1789, Brief von Herrn d'Esterno.

„Bischoffswerder ist bestochen,-diton, von England".[408]

Bacher, Kommissar für auswärtige Beziehungen in Basel, schrieb am 19. Thermidor des Jahres II:[409]

„Das Abkommen von Pillnitz und alle nachfolgenden Vereinbarungen sind dem Gold Englands zu verdanken".

Schließlich behaupteten unsere diplomatischen Agenten, dass Thugut an die Engländer verkauft wurde.[410]

So ist der britische Einfluss überall zu finden: in den Geheimgesellschaften ebenso wie in unseren Nationalversammlungen, in den Clubs und im Komitee für öffentliche Rettung ebenso wie in den Ministerien aller Länder.

---

[408] *Archiv des Auswärtigen Amtes*, Berlin, 10. Februar 1791.

[409] *Id.*, Berlin, v. 213.

[410] Geständnisse von Poteratz. Brief von Wickham an Grenville.

KAPITEL XI

ENGLAND UND DIE REVOLUTION

Aus all dem Vorstehenden ergeben sich, wenn auch keine materiellen Beweise vorliegen, schwerwiegende Vermutungen gegen England.

Aber es ist nicht nur das öffentliche Gerücht, das ihn beschuldigt, die Unruhen zu bestechen, es sind nicht nur die Korrespondenzen und Memoiren der Zeitgenossen, sondern auch die diplomatischen Korrespondenzen.

Man wird einwenden, dass Botschafter, die die Gerüchte, die im Umlauf sind, weitergeben, ihre Regierungen in die Irre führen können. Aber wenn dieselbe Tatsache gleichzeitig in Wien, London, Paris, Amsterdam, Basel und Berlin behauptet wird, besteht die Chance, dass sie wahr ist. Die diplomatischen Korrespondenzen, die wir unter den Belegen veröffentlichen, lassen sich in folgendem Geständnis von Lord Grenville an Graf Stadion zusammenfassen: „Um nützliche Ablenkungsmanöver zu schaffen, pflegt die britische Regierung auf französischem Boden innere Unruhen zu unterhalten"[411].

Schließlich ist der folgende Brief, der auf Befehl des

---

[411] *Manuscripts of J. B. Fortescue*, t. II. Doumic: *Ist die Freimaurerei jüdisch oder englisch?* Siehe auch die *Memoiren von Barthélemy, die* kürzlich von M. de Dampierre veröffentlicht wurden.

Konvents beschlagnahmt und übersetzt wurde, ein materieller Beweis: Er enthält Anweisungen von Pitt an den Agenten, der das englische Komitee von Lille und Saint-Omer leitet. Er beweist, dass diese Komitees, die in den meisten unserer großen Städte eingerichtet worden waren, schon lange genug funktionierten [412] : Einem Agenten, dessen Dienste besonders belohnt werden sollten, wurde ein Sitz im Parlament versprochen.

... „Wir müssen die Assignaten mehr und mehr zu Fall bringen. Halten Sie die Preise hoch und lassen Sie die Händler alle lebensnotwendigen Artikel an sich reißen...

„Chester soll von Zeit zu Zeit nach Ardes el in Dünkirchen gehen. Noch einmal: Sparen Sie nicht am Geld...

„En voyez cent cinquante mille francs à Rouen et autant à Caen. Mors... soll zurückgerufen werden von Cambrai, Whitmore soll nach Boulogne gehen. [413]

„Mastre sollte in Paris sein, weil er als Bankier die besten Kenntnisse hat, um die Fonds zu stützen und die Assignaten zu senken. Milnes Pläne werden von Pitt gebilligt...

„Das Geld soll nicht gespart werden. Mylord wünscht, dass Sie nicht daran denken, irgendwelche Rechnungen zu schicken oder zu führen...

„... Wenn Sie denken, dass Mitchell sicher genug ist, setzen Sie ihn ein, um nach Paris und Dünkirchen zu gehen... Sagen Sie Ness, dass er sich bei der ersten Vakanz oder im nächsten

---

[412] Der Brief ist vom 29. Juni 1793.

[413] Die Wörter Cambray und Boulogne werden gestrichen.

Parlament eines Marktfleckens sicher sein kann...[414]

„Wir haben vierzigtausend Guineas[415] für die Komitees unter Ihrer Leitung.

„Lassen Sie Marston nicht bei Ihnen wohnen. Es ist klug, getrennte Unterkünfte zu haben...".

Diesem Brief lag eine Liste von mit Initialen bezeichneten Abgesandten mit den zu verteilenden Beträgen in vierzehn Städten bei: Paris, Rouen, Lille; Nantes, Dünkirchen, Calais, Arras, Saint-Omer, Saint-Malo, Boulogne, Douai, Orléans, Blois, Tours.[416]

Es ist schwer, in diesem Dokument nicht einen materiellen Beweis für die Schuld der britischen Regierung zu sehen.

Barère zufolge wurde in Dokumenten, die ein Engländer verloren hatte, festgestellt, dass die britische Regierung Agitatoren und Brandstifter in alle unsere Departements geschickt hatte.

Tatsächlich brachen Brände in Douai, im Hafen von Lorient, in Valenciennes, in der Patronenfabrik von Bayonne, im Artilleriepark von Chemillé usw. aus.[417]

Das Foreign Office räumte ein, dass der preußisch-schweizerische Bankier Perrégaux „1793 in Paris hohe Summen an verschiedene Personen verteilte... für die wesentlichen

---

[414] Anmerkung des Übersetzers: Das heißt, er wird Mitglied des Parlaments.

[415] Anmerkung des Übersetzers: Fast sechs Millionen beim aktuellen Wechselkurs.

[416] *National Archives*, A. D' 108, und *Archives of Foreign Affairs*, London, 587.

[417] A. MATHIEZ: *La Révolution* et les *étrangers*, S. 138.

Dienste, die sie uns geleistet haben"[418].

Hier ist übrigens ein offizieller Brief des Foreign Office an den Bankier Perrégaux, der erst kürzlich von den *Annales révolutionnaires*[419] veröffentlicht wurde:

„Wir wünschen, dass Sie Ihre Bemühungen fortsetzen und M. C. D. 3.000 Pfund, W. T. 12.000 Pfund und de M. 1.000 Pfund für die Dienste vorstrecken, die sie uns geleistet haben, indem sie Feuer geblasen und die Jakobiner auf den Höhepunkt der Wut gebracht haben...".

„Hilf C. dabei, herauszufinden, in welchen Kanälen das Geld am erfolgreichsten verteilt werden kann...".

Bei der Veröffentlichung dieses Briefes kommt Herr Albert Mathiez zu dem Schluss: „Es ist unzweifelhaft, dass England in den Jakobinern Agenten unterhielt, die den Klub auf den Weg der demagogischen Übersteigerung treiben sollten." Da dieses Dokument zu den bei Danton beschlagnahmten Papieren gehörte, geht Mathiez davon aus, dass der berühmte Tribun einer der von Perrégaux bezahlten Agenten war.

Kurzum, wenn man die Existenz der englischen oder anglepreußischen Verschwörung zugibt, ist unsere Revolution viel leichter zu erklären, als wenn man diese Hypothese ablehnt.

Die Ereignisse seit der Vorbereitung der Revolution sind logisch verknüpft und der Plan unserer Gegner ist perfekt kombiniert.

Seit dem Ende der Herrschaft Ludwigs XV. wurde die Bretagne von Abgesandten aus England bearbeitet. Einige

---

[418] Lavisse: *La France contemporaine*, Bd. II, S. 151.

[419] April 1916, A. Mathiez: *Danton und das englische Gold*.

Unzufriedene boten dem Herzog von Orléans, dem Vater von Philippe Égalité, die Krone an. Eine von England besoldete Armee sollte die Bewegung unterstützen. Da der Herzog von Orléans ablehnte, beschlossen die Verschwörer, sich auf seinen Sohn zu stürzen; einige von ihnen gehörten wahrscheinlich dem Club Breton an, aus dem später der Club des Jacobins hervorging. Somit war die Unterstützung der britischen Regierung für die Ambitionen des jüngeren Zweiges lange vor den Unruhen erfolgt. Lange vor der Revolution hatte der Graf von Vergenne, der mit Ludwig XVI. die englische Frage studierte, die Überzeugung gewonnen, dass „England darauf hinarbeitete, Frankreich durch Unruhen und Zwietracht zu vernichten"[420].

Die philosophische Bewegung, die den Sturz der Monarchie so geschickt vorbereitet hatte, wurde vom Ausland in Gang gesetzt. „Aus Rousseau ging Robespierre hervor", schreibt M. A. Dides[421]. Aber Rousseau stand unbestreitbar unter englischem Einfluss und ahmte die Werke von Jacques Thomson nach.

Die Schriften des Engländers Locke dienten „als Vorwort zu den Werken von Voltaire und Rousseau"[422]. Dort finden sich die Theorien der Souve raineté des Volkes, der Gewaltenteilung und alle Grundsätze von 1789. Herr Doumic hat auch darauf hingewiesen, dass die Philosophen in England Waffen gegen alles gefunden haben, was ihnen in Frankreich missfiel, die Regierung, die Religion, die Sitten, den traditionellen Geist"[423].

Wenn d'Holbach. Helvétius, Diderot, nicht die Republik forderten, hatten sie das Königtum in Verruf gebracht und geschwächt, indem sie es entweder beschimpften oder das

---

[420] Campardon: *Der Prozess um das Halsband.* Soulavie, V. VI, S. 289.

[421] A. Dide: *Le protestantisme et la Révolution Française*, S. 11.

[422] J. Fabre: *Die Väter der Revolution.*

[423] Doumic: *Die Entdeckung Englands im XVIIIᵉ Jahrhundert.*

Christentum untergruben.[424]

Helvétius, der in Paris geboren wurde, war deutsch-holländischer Abstammung. D'Holbach war ein Badener. In seinem Hotel wurden die Libellen und Pamphlete gegen die Religion und das Königtum verfasst[425]. Sie wurden in allen Provinzen kostenlos verteilt. D'Holbach war der Einführer aller bedeutenden Ausländer, die in Paris eintrafen. Condorcet ist sein Freund und Schüler[426]. Helvétius, der wegen seines Buches *De l'esprit* von der Sorbonne verurteilt worden war, wurde in Berlin herzlich empfangen[427]. Im Salon von Frau Necker wurde beschlossen, Voltaire, dessen preußische Sympathien wohlbekannt sind, eine Statue zu errichten. -

Das spirituellste Volk der Erde ist gleichzeitig auch dasjenige, das am bereitwilligsten unter fremdem Einfluss steht. Vielleicht ist dies auf das Sprichwort „Niemand ist ein Prophet im eigenen Land" zurückzuführen. In der Renaissance waren die Italiener in Mode gewesen; im 18. Jahrhundert waren es die Engländer[e]. Ludwig XVI. bemühte sich, gegen die Anglomanie der Höflinge vorzugehen, die ihn ungeduldig machte. Eines Tages, als Lauzun ihm nach seiner Gewohnheit ein Loblied auf England hielt, erklärte der König unvermittelt: „Wenn man die Engländer so sehr liebt, muss man sich bei ihnen niederlassen und ihnen dienen"[428].

England wartete geduldig auf seine Zeit, während seine Agenten neue Ideen verbreiteten und sich bemühten, in

---

[424] Aulard: *Histoire politique de la Révolution Française (Politische Geschichte der Französischen Revolution)*, S. 11.

[425] J. de Lannoy: *The Revolution Prepared by the Freemasonry*, Omnia Veritas Ltd, www.omnia-veritas.com.

[426] *Grimms Memoiren.*

[427] A. Keim: *Helvetius.*

[428] Marquis de Ségur: *Le couchant de la Monarchie*, T. II, S. 219.

Frankreich eine revolutionäre Geisteshaltung zu schaffen. Dasselbe galt für Preußen.

Unsere Monarchie befand sich in den Händen eines schwachen und unentschlossenen Herrschers, der nicht wusste, wie man Partei ergreift, und zu gut war, um den Aufständen energischen Widerstand entgegenzusetzen. Schon 1776 verglich Friedrich III. Ludwig XVI. mit einem jungen Schaf, das von einem alten Wolf umgeben ist. Er sah richtig, und die Unterstützung, die er den Philosophen zukommen ließ, war gute preußische Politik.

Wir haben bereits erwähnt, dass die französische Freimaurerei unter dem Einfluss von England und Deutschland stand. Gab es eine formelle Absprache zwischen den beiden Regierungen in London und Berlin? Das ist wahrscheinlich, aber es ist unmöglich, einen Beweis dafür zu erbringen. Unsere Diplomaten und mehrere Historiker behaupten, dass viele preußische Persönlichkeiten in die geheimen Fonds des Londoner Kabinetts einzahlten. Der König von England war der Schwager des Herzogs von Braunschweig, und der Berliner Hof stand unter britischem Einfluss.

Lange Zeit wurde angenommen, dass die Illuminaten ausschließlich aus Deutschen bestanden. Eine kürzlich erschienene Arbeit von Herrn Gustave Bord macht ihre Verbindungen mit der englischen Regierung bekannt: „Ein *Klüngel* von Deutschen, die *England ergeben waren,* hatte als Komplizen Angestellte verschiedener Regierungen auf der ganzen Erdoberfläche"[429].

Am Ende der Herrschaft Ludwigs XVI. begannen viele Engländer und Deutsche, die französischen Freimaurerlogen zu besuchen, unter anderem Lord Stanhope, einer der Führer der

---

[429] G. Bord: *Les Illuminés de Bavière* (Revue des Société secrètes).

englischen Freimaurerei. Insgesamt verfügte die anglo-preußische Koalition über die furchterregende Kraft der Geheimgesellschaften und ihrer Führer. Das britische Kabinett hatte den Großmeister der französischen Freimaurerei, den Herzog von Orléans, als Verbündeten. Im Königspalast wimmelte es von Spionen, und Philippe Égalité konnte nichts tun, ohne dass die englische Regierung darüber informiert wurde.

Ducher, ein diplomatischer Agent, behauptete 1793: „Seit zehn Jahren hält das britische Ministerium in Frankreich die Sekte der Ökonomen am Gängelband"[430].

Gleichzeitig musste man sich auf die öffentliche Meinung stützen können; diese Arbeit wurde den Klubs und Zeitungen anvertraut. Unbestreitbar war das Bedürfnis nach Reformen dringend; es gab Missstände, die beseitigt werden mussten, und die Philosophen hatten bereits seit einiger Zeit eine revolutionäre Geisteshaltung geschaffen. Doch das Wirken Englands verstärkte diese Stimmung in ganz Frankreich. Die Konstitutionellen, die ausgezeichnete Absichten verfolgten, fanden sich in der Lage, dem internationalen Syndikat in die Hände zu spielen, indem sie, ohne es zu wissen, den Sturz der Monarchie vorbereiteten.

Wir haben erklärt, dass die während der Revolution so prominente Gruppe der Gènevois vom Londoner Kabinett pensioniert wurde. Auch die französischen Protestanten waren dem englischen Einfluss ausgesetzt.

Die Meinungsbewegung für die Pressefreiheit wurde von David Williams ins Leben gerufen; die Erklärung der Menschenrechte stammt von Thomas Paine; der Erfinder der roten Mütze ist Robert Pigott. Die von England nach Frankreich importierten Clubs arbeiteten parallel zu den

---

[430] *Archiv des Auswärtigen Amtes,* London; 587.

Geheimgesellschaften an der öffentlichen Meinung. Nach dem 1782 gegründeten politischen Club wurde 1785 der Club des Américains vom Herzog von Orléans ins Leben gerufen. Auch mehrere andere Zirkel begannen, politische Fragen zu diskutieren. Sie beunruhigten die Regierung und wurden 1787 alle geschlossen. Das Gesetz vom 14. Dezember 1789 gab ihnen das Recht, wieder zu eröffnen, aber sie hatten nicht auf die Erlaubnis gewartet, denn schon im Juni, vielleicht sogar schon früher, traf sich der berühmte bretonische Club in Versailles[431]. Es ist bekannt, dass er später zum Jakobinerklub wurde, als er sich in das Kloster in der Rue Saint-Honoré verlagerte[432]. Ignorierte die Polizei die Sitzungen des Bretonischen Clubs? Es ist wahrscheinlich, dass sie die Augen schloss.

Nach dem Club Breton wurden relativ viele Zirkel eröffnet, in denen das Spiel zugunsten der Politik vernachlässigt wurde, z. B. der Club des étrangers, rue de Chartres; der Club des colons, der von den Amerikanern gegründet wurde; die Lazowski-Gesellschaft, die später von den Vorgenannten ins Leben gerufen wurde etc.

Das englische Element dominierte im Club der *Freunde der Schwarzen,* der eine recht wichtige Rolle spielte.

„Ab Dezember 1790 zählte der Jakobinerklub notorische Ausländer zu seinen Mitgliedern, von denen viele nicht einmal wohnhaft waren"[433]. In den Cordeliers verbrüderte sich eine große Anzahl von Schweizern mit Marat, darunter Virchaux,

---

[431] Er unterhielt bereits Korrespondenzen mit allen Regimentern, um sie zur Desertion zu bewegen. Siehe Aulard: *La Société des Jacobins*, t. I. Introduction, S. 20 ff.

[432] Die Eingangstür existiert noch heute in der Rue Saint-Hyacinthe, 4, hinter dem Marché Saint-Honoré.

[433] Mathiez: *La Révolution et les étrangers (Die Revolution und die Ausländer)*, S. 42.

Niquille, Roullier, d'Arbelay, Chaney.[434]

Die Constitutional Society blieb unbemerkt. Burke wundert sich in seinen Überlegungen zur Französischen Revolution, dass die Anerkennung unserer Landsleute nur der „Revolution Society" gilt und keineswegs der Constitutional Society, „die seit sieben oder acht Jahren in demselben Sinn arbeitet" (1er November 1790).

So bereitete diese englische Vereinigung, die von Historikern verschwiegen wird, seit 1783 die Revolution vor.

Die Gesellschaft der Volksfreunde war wie ihre Vorgängerin vollständig englisch[435]. Lord Grey war eines ihrer wichtigsten Mitglieder.

Der Social Circle hingegen, in dem Abbé Fauchet und Nicola Bonneville glänzten, scheint französisch zu sein. Aber Anacharsis Cloots und Thomas Paine sind die Herausgeber seiner Zeitung, des *Eisenmunds. Das* Ziel des Circle Social war es, die Freimaurer zu zentralisieren und alle reaktionären Elemente zu eliminieren. Der Social Circle ließ Frauen zu; Frau d'Aelders, eine Agentin der preußischen Regierung, gehörte ihm zusammen mit einigen eleganten Frauen an, die die strengen Jakobiner in Angst und Schrecken versetzten[436]. Bonnevilles Vorschlag wurde daher verworfen, als er den Social Circle mit dem Jakobinerklub verschmelzen wollte [437]. Frau d'Aelders versuchte, gleichzeitig die patriotische Gesellschaft der *Freundinnen der* Wahrheit zu gründen.

---

[434] Siehe weiter unten die Liste der Ausländer, die dem Club des Jacobins angehörten.

[435] Peyrat: *La Révolution Française*, S. 146.

[436] Er wurde im Zirkus des Palais-Royal eingeweiht.

[437] A. Jouet: *Die Clubs.*

Der Club der Nomophilen in der Rue Saint-Antoine hat ebenfalls Mitglieder beiderlei Geschlechts; Théroigne de Méricour erstrahlt dort in hellem Glanz.[438]

Viele Ausländer sind fleißig im Club des Cordeliers, dem gewalttätigsten von allen: Rutledge, Dufourny, Desfieux, Dubuisson, Proly usw.

Der englische Revolutionsclub, dessen Vorsitzender Stone war, spielte eine der aktivsten Rollen in der Französischen Revolution. Die Liste seiner Mitglieder ist nicht mehr auffindbar, aber hier sind die Namen der Engländer, die am 18. November 1792 dort speisten: Thomas Paine, der Bankier R. Smith, Rayment, Frost, Sayer, Joyce, H. Redhead, Yorke und R. Merry, der Ehemann der Schauspielerin Miss Brunton.

Der englische Revolutionsclub war von der Revolutionsgesellschaft (Revolution society) mit Sitz in London gegründet worden. Die wichtigsten Führer der Revolution Society waren Lord Stanhope, den man überall antrifft, und Dr. Price. Nach den Oktobertagen dankte Dr. Price Gott dafür, dass er diese Ereignisse noch erleben durfte. Burke berichtet, dass die Begeisterung der Revolutionsgesellschaft durch den Ausruf „Bischöfe an die Laterne" geweckt wurde.

Die Korrespondenz der Revolution Society mit den französischen Vereinen bildet einen seltenen Band mit dem Vermerk: „Strictly prohibited in England" (in England strengstens verboten). Darin finden sich Briefe einer großen Anzahl von Jakobinergesellschaften, die sich für die erhaltenen Ratschläge bedanken; in der Tat hat die englische Gesellschaft der Revolution unsere Versammlungen immer wieder inspiriert; sie stand nicht nur mit Paris in Korrespondenz, sondern mit allen unseren großen Städten, die Patrioten nach London zu Lord

---

[438] Isambert: *Das Leben in Paris*, 1791-1792.

Stanhope delegierten. Bereits 1788 hatte die Revolution Society die unsterblichen Prinzipien verkündet, die unsere Revolutionäre angeblich erfunden haben: Gewissensfreiheit, Pressefreiheit, Volkssouveränität, das Recht auf Aufstand etc.

Laut der Herzogin von Brissac [439] umfasste die *Korrespondenzgesellschaft* von Landre sechstausend Personen, an deren Spitze ein geheimes Komitee stand, das aus sechs Mitgliedern bestand, die sie nicht nennt.

Einige politische Salons arbeiteten mit den Klubs zusammen, der von Mm de Condorcet, der von Engländern und Cloots besucht wurde, die Salons von Frau François Robert, des Bankiers Kornmann etc. [440]

Sobald die Revolution begann, bemühte sich die internationale Verschwörung, die Presse, deren Macht sich allmählich bemerkbar machte, an sich zu reißen. So gab der Engländer Rutledge die Zeitung La *Quinzaine* heraus. Der *Courrier de l'Europe* gehört seinem Landsmann Swinton. Die von England bestochene Société des Amis de noirs gibt *den Observateur* heraus. Thomas Paine inspiriert Brissots Artikel und verfasst zusammen mit Anacharsis Cloots den *Eisenmund*. *L'Union*, von Robespierre inspiriert, erscheint sowohl auf Englisch als auch auf Französisch. Oswald ist einer der Gründer der *Chronique du mois*. Zur gleichen Zeit erwähnt die diplomatische Korrespondenz von Von der Goltz, dass das von ihm in Paris subventionierte *Journal National* nach Berlin geschickt wird[441]. Der Preuße Cloots inspirierte die Artikel von Camille Desmoulins; der Österreicher Proly arbeitete am

---

[439] Duchesse de Brissac: *Dunkle Seiten*, S. 179.

[440] Erwähnenswert ist die Gründung des Cercle constitutionnel unter dem Vorsitz von Benjamin Constant während des Direktoriums, der den royalistischen Cercle de Clichy bekämpfen sollte.

[441] *Archiv des Auswärtigen Amtes*, Berlin, v. 212.

Cosmopolite mit. Der Mailänder Gorani schreibt in Le *Moniteur.* Der Preuße Z. Hourwitz arbeitet an mehreren Zeitungen mit. Die Italiener Pio und Ceruti sind Redakteure bei La *Feuille Villageoise* und Le *Journal de la Montagne.* Prinz Ch. von Hessen redigiert das *Journal des hommes libres.* Der Gènevois Dumont ist Mitarbeiter des *Républicain.* Sein Mitbürger Clavière veröffentlicht die *Chronik des Monats* und schreibt im *Courrier de Provence.* Der Belgier F. Robert ist Redakteur beim *Mercure* und bei den *Révolutions de Paris. Müssen* wir noch La Harpe, den Dʳ Kœrner, Cotta (aus Stuttgart), Dorsch (aus Mainz), den Savoyarden Dessaix usw. erwähnen? Die Zeitung le *Creuset* wurde von Rutledge geleitet; der Genfer Dessonaz leitete zusammen mit Grenus die *Correspondance des Nations;* Euloge Schneider verfasste *den Argus* auf Deutsch. Revolutionäre englische Zeitungen erschienen in Paris, das *Magazine of Paris,* der *Paris Mercury* etc. Der Club Helvétique gibt die *Correspondance générale Helvétique* heraus. Rebmann bringt in Paris *Die Schilwache, Die Geissel* heraus; er arbeitet mit dem Prinzen von Hessen am Journal *des Campagnes* und am *Ami des lois.*

Parallel zu den preußischen Intrigen hatten sich die Agenten Englands seit langem bemüht, Marie Antoinette zu diskreditieren, um die französisch-österreichische Verständigung aufzulösen.

Der Botschafter Dorset, der das Vertrauen der Königin genoss, sorgte selbst für Unfrieden am Hof von Versailles. Nach der Halsbandaffäre wurde Cagliostro in London gut aufgenommen, wo er jedoch keinen guten Ruf hinterlassen hatte. Als er später wegen Schulden im Gefängnis saß, wurde er wieder von einem Engländer herausgeholt.

„Mit dem Signal der Einberufung der Generalstände, die von den Komplizen und Abgesandten ihres Ministers heimlich herbeigeführt wurde, entfaltete England das infernalische Netz, das es im Verborgenen und in der Stille geschmiedet hatte, über uns"[442]. Ein Schwarm englischer Agenten hatte sich nach und nach in Frankreich niedergelassen, um die vorbereitete Bewegung zu lenken. Wir haben den Brief zitiert, der die Existenz von Komitees in vierzehn Städten belegt. Aber natürlich entfaltete sich ihre Tätigkeit vor allem in Paris. Barère schrieb in einem seiner Berichte: „Die Engländer haben von Dünkirchen bis Bayonne und von Bergues bis Straßburg geheime Verderber und Intelligenzen in den Garnisonen."

Einige Tage nach dem Sturm auf die Bastille berichtete Dorset Herrn de Montmorin mit ungewöhnlichem Eifer von einem angeblichen Komplott der Aristokraten, in dem vorgeschlagen wurde, Brest den Engländern zu übergeben. Er konnte die Urheber aus einem hervorragenden Grund nicht nennen, nämlich weil das Komplott nicht existierte. Aber er schien oder stellte sich vor, aufrichtiger zu sein, als er jede Verantwortung für unsere ersten Unruhen ablehnte. Im Übrigen war die Art und Weise, wie die britische Regierung sich entlastete, nicht geeignet, unseren Verdacht eher zu wecken als zu zerstreuen: Der König von England beteuert, dass er nichts mit den Unruhen in Paris zu tun hat; Grenville wiederholt dies mit Nachdruck[443]. Botschafter Dorset beteuerte dies nicht nur Ludwig XVI. gegenüber, sondern schrieb auch zwei Briefe an den Präsidenten der Nationalversammlung, um sich selbst zu entlasten. Man muss annehmen, dass der Anschein ihn gut verurteilte. Doch diesmal erkannte das Londoner Kabinett, dass Dorset übertrieben hatte, und tadelte ihn dafür, dass er an den Präsidenten der Nationalversammlung geschrieben hatte.

Der englische Historiker Holland Rose hat einen Beweis für die Aufrichtigkeit seiner Regierung entdeckt: Nicht ein einziger Brief König Georgs an seine Minister oder Botschafter enthält

---

[442] *Foreign Affairs Archives*, England, Supplement, V. 15. Bericht Durbans an das Direktorium.

[443] *Foreign Affairs Archives*, London, v. 578.

auch nur eine Anspielung auf die Französische Revolution. Wer zu viel beweisen will, beweist nichts: Wem würde man glauben machen, dass ein Ereignis dieser Bedeutung in London unbemerkt geblieben ist? Unsere diplomatischen Vertreter behaupten im Gegenteil, dass der englische König „unaufhörlich von der Revolution spricht". Kann man davon ausgehen, dass er nicht mit seinen Ministern und Botschaftern darüber spricht? Nur weil die britische Diplomatie immer in den Händen von Karrieremenschen geblieben ist, wurden ihre Geheimnisse nicht von Demagogen und Parvenüs ausgeplaudert. Ein Einwand gegen die Hypothese der anglo-preußischen Verschwörung ist, dass man den Beweis dafür in den Archiven in London finden müsste. Ein Satz *aus* dem *St. Helena Memorial*[444] findet sich als Antwort auf diesen Einwand: „Alle englischen politischen Agenten sind in der Lage, zwei Berichte über denselben Gegenstand zu erstellen, einen öffentlichen und falschen für die Ministerialarchive, den anderen vertraulichen und wahren nur für die Minister."

Trotz der Verschwiegenheit der englischen Staatsmänner konnten einige Geständnisse aufgezeichnet werden: Pitt sagte einmal zu Lord Stanhope: „Egal wie viel Geld man ausgeben muss, man darf nichts sparen, um den Bürgerkrieg in Frankreich zu entfachen"[445].

Wir haben das Geständnis von Lord Grenville bereits zitiert. Lord Mansfield wagte es auch, dem Parlament zu sagen, dass das Geld, das für die Schürung eines Aufstandes in Frankreich ausgegeben wurde, gut investiertes Geld sei[446]. Der Herzog von Bedford gestand später im Oberhaus[447]: „Unsere Bemühungen haben viel dazu beigetragen, das Terrorregime in Frankreich zu

---

[444] V. IV, S. 262.

[445] HAMEL: *Histoire de Saint-Just,* S. 422.

[446] Sorel: *L'Europe et la Révolution, Bd.* III, S. 462.

[447] 27. Januar 1795.

etablieren, und unser Ministerium hatte einen großen Anteil an dem Unglück, das dort geschehen ist"[448].

Herr de Montmorin schrieb zu Beginn der Revolution mit viel gesundem Menschenverstand: „Die Unruhen, die das Königreich bewegen, fixieren die Aufmerksamkeit aller Mächte, und die meisten von ihnen sehen sie mit geheimer Freude... Unter diesen Mächten muss man Großbritannien unterscheiden... Man weiß, dass der Wunsch, Frankreich zu schwächen, das erste Mile der Politik ist."

Montmorin gab zu, dass er keine genauen Beweise finden konnte, weil, wie er sagte, „die Polizei ab dem 13. August nicht mehr existierte. Aber was sicher ist, ist, dass das Geld mit der größten Fülle unter den Soldaten wie unter dem Volk verteilt wurde"[449].

Herr de La Luzerne antwortet Montmorin, dass unsere ersten Unruhen höchstwahrscheinlich von Dorset geschürt wurden.

„Die ersten Funken unserer Revolution", sagte Napoleon Ier, „all die schrecklichen Verbrechen, die ihre Folge waren, sind das Werk Pitts... Die Nachwelt wird ihn erkennen... Dieser zu seiner Zeit so gepriesene Mann wird eines Tages nichts anderes mehr sein als das Genie des Bösen"[450].

Die Oktobertage wurden unbestreitbar von der englischen Regierung mit Hilfe des Herzogs von Orléans organisiert. Die diplomatische Korrespondenz belegt dies ebenso wie die

---

[448] Es versteht sich von selbst, dass die Handlungen der englischen Minister vor 130 Jahren die Dankesschuld nicht schmälern können, die Frankreich 1914 gegenüber der großen Nation eingegangen ist, die uns zu Hilfe gekommen war, um die Invasion der Barbaren von der anderen Seite des Rheins abzuwehren.

[449] *Foreign Affairs Archives,* London, v. 570.

[450] *St. Helena Memorial,* V. VII, S. 218.

Aussagen von Zeitgenossen. Nach diesen Tagen ließ Lafayette den Herzog von Orléans mit einer Mission nach England beauftragen. Die Idee war vielleicht nicht sehr glücklich, da der Prinz anscheinend mit der Hilfe dieses Landes konspirierte; aber vor allem wollte der Hof ihn von Paris fernhalten. Philippe-Égalité wurde angewiesen, in London nach den Urhebern der Unruhen zu suchen - diese Suche sollte ihm nicht sehr schwer fallen. - Lafayette wies ihn darauf hin: „Sie sind daran mehr interessiert als jeder andere, denn niemand ist darin so sehr kompromittiert wie Sie"[451]. Lafayette gab dem Prinzen dann zu verstehen, dass er, wenn er sich weigerte, nach London zu gehen, durchaus verhaftet werden könnte.

Unser Botschafter in London, Herr de la Luzerne, wurde mit der Überwachung des Herzogs von Orléans beauftragt. Die englischen Minister machten vor ihm die Bemerkung, dass der Prinz „Frankreich eher aus Not als aus eigenem Willen verlässt".

Herr de La Luzerne protestierte gegen eine solche Idee mit der gleichen Selbstsicherheit wie der englische Minister, wenn sie behaupteten, an unseren Unruhen nicht beteiligt zu sein. Es war der Fall, mit Beaumarchais zu sagen: „Wen täuscht man hier?".

La Luzerne schrieb am 30. November: „Ich versuche herauszufinden, ob der Herzog von Orléans, anstatt mit den englischen Ministern über die Angelegenheiten der Niederlande zu sprechen, sich mit ihnen beraten würde, um neue Unruhen in Frankreich zu schüren... Aber der König und Herr Pitt haben eine so geringe Meinung von Herrn Herzog von Orléans, sie halten ihn für so wenig geeignet, das Oberhaupt einer Partei zu sein, dass sie ihre Angelegenheiten nicht mit den seinen vermischen werden. Ich kann Ihnen nicht sagen, wie die Ankunft dieses Prinzen den Engländern aller Klassen eine schlechte Meinung

---

[451] Louis Blanc, Bd. III, S. 250.

von seiner Person gegeben hat...

„Der Herzog von Orléans erzählt mir nie von seinen Besuchen bei den englischen Ministern, von denen ich weiß, dass sie sehr häufig sind"[452].

Einige Monate später bat der Prinz, der sich in London langweilte, darum, nach Paris zurückkehren zu dürfen, es sei denn, er würde anstelle von La Luzerne zum Botschafter ernannt werden. Diese Andeutung hatte jedoch keinen Erfolg.

Für den Jahrestag des 14. Juli rechnete die englische Regierung mit schweren Unruhen, und der Prinz von Wales bat den Herzog von Orléans dringend, nach Paris zurückzukehren, um an den Feierlichkeiten teilzunehmen.[453]

Als Ribes, Abgeordneter der Pyrénées-Orientales, später in der Versammlung die Pläne des Herzogs von Orléans anprangerte, behauptete er, der Prinz habe folgende Abmachung getroffen: Er würde unsere Kolonien England überlassen und dafür die Unterstützung der britischen Regierung erhalten, die ihn auf den Thron drängen sollte[454]. Ribes wies auf die häufigen Reisen von Talleyrand und Philippe Égalité hin; London und die Zeitungsartikel, die von der Gesellschaft der Freunde der Schwarzen bezahlt wurden. Der Herzog von Orléans wurde jedoch von Robespierre, Danton, Marat und den Cordeliers verteidigt [455]. Böswillige Leute nahmen mit einiger Wahrscheinlichkeit an, dass die Unterstützung dieser Figuren nicht uneigennützig war.

---

[452] *Foreign Affairs Archives,* London, v. 571 und 572.

[453] *Archiv für Auswärtige Angelegenheiten*, London 573 und 574.

[454] Pallain: *Talleyrand's Mission in London*, S. 345 und 346.

[455] Memoiren von Bouillé. Louvets Memoiren.

Nach der Flucht aus Varennes erklärte Fox, es sei an der Zeit, das Königtum in Frankreich abzuschaffen[456]. Im September 1791 behauptete Mercy Argenteau gegenüber unserem Botschafter, dass England unsere ersten Unruhen angezettelt habe und dies bis zum völligen Ruin fortsetzen werde[457]. Worontzof ärgerte sich über die Blindheit Russlands und Spaniens, „die die Machenschaften Englands in Frankreich nicht sehen"[458]. Und unser Botschafter in London schrieb: „England hat von Frankreich nichts mehr zu befürchten und kann sich ohne Furcht die Vorherrschaft in beiden Welten aneignen".

Daraufhin begann man in Paris zaghaft davon zu sprechen, dass der Herzog von York für den Thron kandidieren würde.

Als zweiter Sohn des Königs von England hatte der Herzog von York eine preußische Prinzessin geheiratet, und diese Ehe, so M. Aulard, „hatte ihn den Patrioten sympathisch gemacht"[459]. Das geheime Komitee der Jakobiner beschloss 1792 auf Vorschlag von Manuel und Thuriot, Ludwig XVI. entweder durch den Herzog von York, den Herzog von Braunschweig oder Philippe Égalité zu ersetzen[460]. Die Kandidatur des Herzogs von York wurde daraufhin von Carra im Jakobinerklub unterstützt.[461]

Im folgenden Jahr schlug der Abgeordnete von Caen, General Wimpffen, erneut vor, England um einen König zu bitten[462]. Eine Abteilung der Garnison von Valenciennes verbreitete daraufhin

---

[456] E. Champion: *L'esprit de la Révolution Française*, S. 200.

[457] *Foreign Affairs Archives*, London, 578.

[458] *Id.*, V. 579.

[459] AULARD: *Histoire politique de la Révolution. Française*, S. 254.

[460] G. Bord: *Autour du Temple, Bd.* I, S. 191 und 578.

[461] *Nationalarchiv*, A. F", 45, Reg. 355.

[462] Aulard: *Histoire politique* de *la Révolution Française (Politische Geschichte* der *Französischen Revolution)*, S. 897.

das Gerücht, man müsse den Herzog von York auf den Thron bringen, da nur er Frankreich glücklich machen könne. In den Taschen dieser Soldaten findet man englisches Geld.

Montgaillard behauptete, von Robespierre mit Verhandlungen mit dem Herzog von York beauftragt worden zu sein. In Garats Memoiren heißt es: „Die Jakobiner, die den Anschein erwecken, Frankreich zu führen, werden von den Cordeliers geführt; die Cordeliers bereiten sich darauf vor, Ströme von Blut zu vergießen, um einen neuen Thron (den Herzog von York) hervorzubringen".

Ein Brief von Noël, unserem diplomatischen Agenten in London, dämpfte den Enthusiasmus der Anhänger des englischen Prinzen. Einige Personen", schrieb er, „schienen mir überzeugt, dass man ernsthaft daran denkt, dem Herzog von Braunschweig die Krone anzubieten. Ich weiß nicht, welche Absichten die Versammlung und der Rat haben. Aber wenn Frankreich nicht von Königen angewidert ist, halte ich es für meine Pflicht, Ihnen zu sagen, was ich über den Herzog von York erfahren habe, von dem Sie wissen, dass einige französische Papiere im gleichen Sinne gesprochen haben. Er ist so grausam, dass er Soldaten unter dem Stock sterben lässt, blutrünstig, talentlos, geistlos, jeden Tag betrunken, der Schrecken und die Verachtung der englischen Nation, er hat niemals irgendeine ehrliche oder menschliche Neigung angekündigt, und die schlechte Gesundheit des Prinzen von Wales lässt mit Schrecken den Moment erahnen, in dem ein solcher Mann König sein wird".[463]

Die Anhänger des Herzogs von York schlossen sich bald der Kandidatur des Herzogs von Braunschweig an, die die d'Orleans-Fraktion vereitelte.

---

[463] *Foreign Affairs Archives,* London, v. 582.

Die schlechte Ernte und die Hungersnot wurden von den Anführern der Revolution ausgenutzt, um das Volk aufzuwiegeln. Die englische Regierung nutzte dies aus und kaufte in Frankreich in großem Umfang Weizen und Mehl ein; damit verschärfte sie die Lage.[464]

Im Übrigen erklärte Robespierre in seiner Rede am 8. Thermidor vor dem Konvent, dass „die Hungersnot aus den Machenschaften Englands resultiert"[465].

Der Bericht von Cambon an das Comité de Salut Public, beschuldigte ebenfalls die Ausländer als verantwortliche Urheber der Krise und schrieb den Machenschaften Pitts den Rückgang der Assignaten zu.[466]

Zur Zeit der Tage des 20. Juni und des 10. August, als sich die bewaffneten Gruppen bildeten, verteilten sich die Agenten des englischen Ministeriums unter ihnen, um sie aufzuhetzen.[467]

Es ist nicht uninteressant zu bemerken, dass Lord Gower bereits am 4. August in London den bevorstehenden Angriff auf die Tuilerien angekündigt hatte. Lord Grenville antwortete ihm: „Drücken *Sie* dem König unsere Gefühle der Freundschaft und *des* guten Willens aus, aber *nichts Schriftliches*". Das Londoner Kabinett verhielt sich offensichtlich neutral.

Laut Herrn de Montmorin waren fast alle, die am 20. Juni in die Tuilerien einbrachen, Ausländer.

---

[464] Siehe zu diesem Thema die Memoiren des Fahnenträgers Orson, herausgegeben von F. CASTANIÉ.

[465] Reden und Berichte von Robespierre, S. 420.

[466] MATHIEZ: *La Révolution et les étrangers (Die Revolution und die Ausländer)*, S. 136.

[467] Biré: *Journal d'un bourgeois de Paris (Tagebuch eines Pariser Bürgers)*.

Mehrere Engländer schickten Geld an die Witwen der am 10. August getöteten Patrioten[468] ; andere schickten Geld an die während des Aufstands verletzten Aufrührer.

Die Septembermassaker waren, schreibt Lindet, nicht das Ergebnis einer Volksbewegung: „Alles war angeordnet""[469]. (Hier spricht ein Revolutionär, kein Reaktionär.) Danton und Camille Desmoulins hatten die Massaker angekündigt, bevor sie begonnen hatten.

Während dieser schrecklichen Tage schenkten zwei Engländer in Gehrock den Mördern Weingläser ein und sagten: „Stärkt euch und habt guten Mut"".[470]

Der Lohn der Schlächter betrug einen Louis pro Tag; einige bekamen vierundzwanzig Francs.

Da diese Massaker eine Ungeschicklichkeit und gleichzeitig eine Grausamkeit waren, konnten sie der revolutionären Sache nur schaden. Wenn also die ausländische Gewerkschaft wirklich der Anstifter war, scheint uns die einzige plausible Erklärung folgende zu sein: Sie wollte die Männer diskreditieren, die zu mächtig zu werden begannen, und gleichzeitig die Gemäßigten gegen die Jakobiner aufbringen.

Der englische König war offensichtlich zwischen zwei Gefühlen hin- und hergerissen: Er wünschte sich den Sturz der französischen Monarchie, fürchtete aber die Ansteckung durch revolutionäre Ideen. Auf jeden Fall dürfte er sich nicht den Tod

---

[468] *Tuetey Recueil*, T. IV, 2911 und 2950.

[469] Madelin: *Die Französische Revolution*, S. 260

[470] Papiere des Marquis Garnier. Erklärung des Bürgers Jourdan, ehemaliger Präsident des Distrikts der Petits-Augustins. Memoiren von Montgaillard. Sammlung von Memoiren über die Französische Revolution.

Ludwigs XVI. gewünscht haben.

Aber Pitt war unbarmherzig: Bei den geheimen Verhandlungen mit dem Konvent erklärte sich Danton bereit, den König für eine Million zu retten, die er geschickt an seine Kollegen verteilen sollte; Theodore Lameth leitete den Vorschlag an Pitt weiter, der ablehnte[471]. Das Urteil wurde gefällt, bevor die Monarchisten Zeit hatten, sich die geforderte Summe anderweitig zu beschaffen. Es lässt sich nicht feststellen, ob William Pitt den Vorschlag geheim gehalten oder seinem Herrscher mitgeteilt hatte.

Talon, ehemaliger krimineller Leutnant am Châtelet, machte Charles Lameth folgende Aussage[472]: „Pitt will den Tod des Königs von Frankreich. Nichts von dem, was ich ausdrücken konnte, hat ihn bewegt oder erschüttert. Danton antwortet auf die Rettung Ludwigs XVI., wenn England zwei Millionen zu dem hinzufügen will, über das Ritter Ocariz verfügen kann[473]... Pitt will in Frankreich das Gegenstück zu Karl I.er."

Talon wiederholte diese Aussage vor der Konsularjustiz: Pitt und die ausländischen Mächte lehnten die von Danton geforderten Geldopfer zur Rettung des Königs ab.

Zu der Zeit, als Talon die geheimen Gelder der Monarchie verteilte, hatte er Danton in seine Dienste genommen; der berühmte Tribun verschaffte ihm einen Pass, um auszuwandern.[474]

---

[471] Lord Acton: *Lectures on the French Revolution.* Holland Rose: *Pitt,* S. 94.

[472] G. Rouanet: *Danton and the death of Louis XVI* (Annales révolutionnaires, Januar-Februar 1916).

[473] Ministerin von Spanien.

[474] MATHIEZ: *Danton and the Death of the King* (*Danton und der Tod des Königs) (*Annales révolutionnaires, Juni 1922, S. 235-236).

Der Ire Thomas Whaley, der während der Revolution durch Frankreich reiste, erzählt in seinen Memoiren die folgende Anekdote:

„Am 21. Januar betraten einige meiner Landsleute das Café und zeigten mir mit einem Ausdruck vollkommener Selbstzufriedenheit ihre Taschentücher, für die sie die Erlaubnis erhalten hatten, sie in das Blut des Königs zu tauchen."

Der Herzog von Orléans hatte Mrs. Dalrymple Elliot förmlich versprochen, nicht für den Tod von Ludwig XVI. zu stimmen[475]. Wahrscheinlich wurde er von der Freimaurerei dazu gezwungen; die Scham und die Reue, die er dabei empfand, scheinen der Grund für seinen Rücktritt als Großmeister gewesen zu sein. Als Philippe Égalité die Sekte verließ, verlor er seinen gesamten Einfluss und wurde bis zu seiner Verfolgung und Guillotine beiseitegeschoben.

Die Monarchie der Bourbonen ist also zerstört; England hat das erste Spiel gewonnen. Burke zieht aus den Ereignissen folgende Schlussfolgerung: „Die Franzosen haben ihre Monarchie, ihre Kirche, ihren Adel, ihre Gesetze, ihre Armee, ihre Marine, ihren Handel gestürzt... Sie haben unsere Angelegenheiten besser gemacht als zwanzig Ramillies"[476].

Nachdem Ludwig XVI. vom Thron gestürzt war, blieb die englische Regierung nicht untätig. Das folgende von der französischen Polizei beschlagnahmte Stück ist der Beweis dafür:

„Der König von Frankreich ist tot; was kümmert uns das? Wir haben nur die Absicht, Frankreich zu schrumpfen, es zu zerstören, damit es nicht mehr ein Pendel im politischen

---

[475] Memoiren von Mrs. Dalrymple Elliot, S. 37.

[476] STANHOPE; *William Pitt.*

Gleichgewicht ist...

„Man muss verschiedene Parteien erheben, sie alle führen, die Anarchie organisieren usw.".

Aber der Tod Ludwigs XVI. war das Signal für eine Kehrtwende im Plan der ausländischen Gewerkschaft. Das ursprüngliche Ziel der Revolution war erreicht; das in Paris entfachte Feuer drohte nun auf Europa überzugreifen. Schon als der König von Preußen von der Verhaftung Ludwigs XVI. in Varennes erfuhr, hatte er ausgerufen: „Welch schreckliches Beispiel!"[477]. In England nahmen sich revolutionäre Klubs die unsrigen zum Vorbild; es war unklug, neue Ideen zu fördern. Außerdem erwiesen sich die Armeen des Konvents als viel furchterregender, als Europa erwartet hatte; und dennoch waren unsere wichtigsten Generäle geächtet worden, Lafayette, Dillon, Dumouriez, Custine, Biron, Montesquieu, Valence, Houchard, Miaczinki etc.

Von da an musste die Politik Englands darauf abzielen, die Stärke der republikanischen Partei zu verringern; folglich wurde der Befehl gegeben, nicht mehr die Jakobinerverschwörungen, sondern die royalistischen Verschwörungen und die Aufstände der Chouans und der Vendéens zu begünstigen. Zu demselben Zweck wurden vom Londoner Kabinett vier Millionen nach Lyon geschickt.

Barbaroux zufolge war es Pitts Plan, die Monarchie im Norden wiederherzustellen und Südfrankreich als Republik zu belassen. Anschließend hätte er der südlichen Republik geholfen, die nördliche Monarchie zu bekämpfen.[478]

Zu den Bemühungen, die es zu fördern galt, gehörte natürlich

---

[477] *Archiv des Auswärtigen Amtes,* Berlin, v. 212.

[478] *National Archives,* A. F" 45.

auch die Verschwörung von Jean de Batz. Die von dieser außergewöhnlichen Persönlichkeit ausgegebenen Summen scheinen zu groß zu sein, um nur aus seinem persönlichen Vermögen zu stammen, und zum Zeitpunkt des Todes von Ludwig XVI. war die royalistische Kasse nicht sehr gut gefüllt. Da die englischen Bankiers Boyd und Kerr zu den Agenten von Jean de Batz gehörten, kann man davon ausgehen, dass sie die Vorschüsse vermittelten, die die britische Regierung für den Kampf gegen den Konvent gewährte. Nachfolgend eine Liste der wichtigsten Agenten des berühmten Verschwörers, die dem Nationalarchiv[479] entnommen werden kann:

Proli.

Pereira.

Desfieux, Weinhändler.

Dufourny de Villiers, Verwalter der Pulver und Salpeterer.

Gusman.

Guyot Desherbiers, Richter am Zivilgericht.

Lullier, Prokurist der Gewerkschaft.

Weihnachten, Kommissar.

Varlet, Fournerot, Chapelle, Apachen.

Burlandeux, Polizist.

Frei, jüdischer Bankier.

Messgerät, Makler an der Börse.

Benoist.

---

[479] *Id.*, F. 7, 4774, 67.

Boyd.

Kerr.

Dulac,

Dossonville,   Polizeibeamte.

Marino,

Dangès,

Soulès,

Kälte,

Das Wiener Kabinett scheint genau denselben Plan wie Jean de Batz zu verfolgen. Hefflingers Vertraulichkeiten und die Korrespondenz des diplomatischen Agenten Jeanneret belegen dies.[480]

Sobald sie an der Macht waren, schienen die Anführer der Revolution von ihrem Erfolg überrascht zu sein und zeigten sofort eine große Verwirrung. Joseph de Maistre drückte es so aus: „Sie führen nicht die Ereignisse; sie werden von ihnen geführt. „Es gibt etwas Passives und Mechanisches in den scheinbar aktivsten Figuren der Revolution. Mittelmäßige Männer wie Robespierre, Collot d'Herbois oder Billaut Varennes waren am meisten über ihre Macht erstaunt"[481].

Ist es nicht immer noch die unsichtbare Hand, auf deren Wirken wir hingewiesen haben?

Da die Revolutionsregierung auf den Bankrott zusteuerte, ließen die englischen Minister Fabriken für gefälschte Assignaten einrichten, um die Finanzpanik zu beschleunigen. Diese Tatsache, die in den Berichten unserer diplomatischen

---

[480] Siehe Kapitel X.

[481] J. de Maistre: *Considérations sur la France,* S. 10.

Agenten[482] erwähnt wurde, wurde von Sheridan im Unterhaus (Sitzung vom 18. März 1793) angeprangert.

Pitts Diplomatie hatte die meisten Mächte Europas gegen Frankreich aufgerüstet und dabei eine scheinbare Neutralität gewahrt - das war geschicktes Handeln. - Doch nach der Hinrichtung Ludwigs XVI. ließ die britische Regierung unserem Botschafter seine Pässe aushändigen. Der Konvent zögerte zunächst, auf diese Beleidigung mit einer Kriegserklärung zu antworten. Dann, wenn man Maret (dem späteren Herzog von Bassano) glauben darf, sorgten eine Reihe hochrangiger Männer, die auf fallende Kurse gesetzt hatten, für den endgültigen Bruch mit England.[483]

Als die Feindseligkeiten begannen, wollten die in Frankreich lebenden Engländer gerade abreisen, als das britische Ministerium sie aufforderte, auf dem Kontinent zu bleiben, es sei denn, sie hätten eine Sondergenehmigung erhalten: Sie waren zu nützlich! Die Konventsmitglieder waren so sehr in der Hand Englands, dass sie sich anfangs nicht dagegen wehrten. Am 19. Oktober 1793 stimmte der Konvent für die Verhaftung aller Ausländer, deren Regierungen sich im Krieg mit Frankreich befanden.

Robespierre forderte jedoch, dass es Ausnahmen geben sollte, wegen „einer Reihe von ihnen, die mit Ehre öffentliche Ämter ausübten"[484].

Dieses Dekret erschwerte die Arbeit des anglo-preußischen Syndikats erheblich. Einige gute Geheimagenten konnten jedoch

---

[482] *Foreign Affairs Archives,* London, Supplement, V. 15. Bericht über die Botschaft des britischen Kabinetts.

[483] Korrespondenz von W. A. Miles, S. 86.

[484] Hamel: *Histoire de Robespierre, Bd.* III, S. 189.

weiterhin französische Politiker mit Großzügigkeiten beglücken.

Die Machenschaften Preußens scheinen in Paris unbemerkt geblieben zu sein; außerdem waren Ephraim und Cloots nicht ausgetauscht worden. Stattdessen prangerten Barère und Camille Desmoulins mehrfach England an: In seinem Bericht vom 6. März 1793 wiederholte Barère, dass Pitt die Unruhen in Frankreich bestochen habe; er fügte hinzu, dass er keine weiteren Enthüllungen machen wolle [485]. Dies war im Übrigen für niemanden ein Geheimnis. Daher schlug Garnier dem Konvent vor, zu beschließen, dass jeder das Recht habe, Pitt zu ermorden. Doch die Versammlung begnügte sich mit der Feststellung, dass - Pitt „der Feind der menschlichen Rasse" sei[486]. Der englische Minister scheint nicht anders bewegt gewesen zu sein.

Vor der Ächtung von Ausländern arbeiteten acht oder zehn Engländer „mit den Jakobinern zusammen und leiteten sie"[487].

Ging es um die Stimmabgabe? Eine so geringe Anzahl von Wählern wagte den Gang zu den Urnen, dass die Stimmabgabe leicht zu verändern war. Die Gemäßigten nahmen nicht an der Wahl teil; so betrug der Anteil der Enthaltungen bei der Wahl des Generalrats der Pariser Kommune 95%. Der Anteil der Wähler bei der Wahl des Bürgermeisters von Paris betrug 71,5 Prozent. Unter diesen Umständen ist es nicht teuer, Stimmen zu kaufen. Was das Publikum auf den Tribünen betrifft, das die Meinung des Volkes vertritt, so haben wir die Zahlen seiner Gehälter angegeben.

Wir konnten nicht herausfinden, was nach dem Dekret gegen Ausländer mit den acht oder zehn Engländern geschah, die Lord

---

[485] Siehe u. a.: BLIARD: *Les Conventionnels régicides,* S. 143 ff.

[486] Buchez und Roux: *Histoire parlementaire,* Band XXXVIII. *Moniteur* vom 9. August 1793.

[487] Papiere von Lord Auckland, 4. September 1792.

Auckland genannt hatte. Der einzige, dessen Name gestanden hat, ist Auguste Rose, der als einer der „zehn Aufseher des Konvents" gemeldet wurde.[488]

Es ist wahrscheinlich, dass Fox in ständigem Kontakt mit den Jakobinern stand. Als beispielsweise Frau Elliot, die Freundin von Philippe Égalité, verhaftet wurde, warf ihr das Revolutionstribunal vor, mit Fox korrespondiert zu haben. „Ist Herr Fox", antwortete sie, „nicht der Freund des Aufsichtskomitees?".[489]

In der Anklageschrift der Hebertisten heißt es: „Die englische Regierung und die Koalitionsmächte sind die Anführer dieser Verschwörung.[490]

In einem Bericht von Barère heißt es, dass „die Engländer von Dünkirchen bis Bayonne und von Bergues bis Straßburg geheime Verderber und Intelligenz in den Garnisonen haben"[491].

Robespierre kämpfte unaufhörlich gegen England, prangerte die Machenschaften Pitts an und ächtete zu Unrecht alle Bürger, die im Verdacht standen, mit dem Ausland zu paktieren. Er wurde zu mächtig und zu unbequem; die englisch-deutsche Koalition versuchte, ihn zu stürzen, und förderte die reaktionäre Bewegung des 9. Thermidor. Es war der Engländer A. Rose, der damit beauftragt wurde, den gefangenen Robespierre zum Comité de Salut Public zu bringen.

Die Hand des Auslands findet sich noch immer in den Unruhen, die unter dem Namen Weißer Terror bekannt sind.

---

[488] ALGER: *Englishmen in the French Revolution*, S. 195 ff.

[489] Memoiren von Mme Dalrymple Elliot, S. 127. Duchesse de Brissac: *Dunkle Seiten.*

[490] Buchez und Roux, T. XXXI, S. 364.

[491] Buchez und Roux, T. XXXIII, S. 118.

Zweifellos wollten einige Royalisten ihre guillotinierten Verwandten und Freunde rächen, aber in vielen Orten werden unter den Aufständischen dieselben Revolutionäre genannt, die früher im Namen der Republik Royalisten massakrierten und jetzt Republikaner massakrierten, indem sie sich Thermidorien nannten[492]. Sie hatten zweifellos einen Grund, so zu handeln; ist es nicht natürlich anzunehmen, dass dieser Grund kein anderer war als der übliche Lohn der Aufrührer?

Nach den Siegen der republikanischen Armeen hatte die Emigration ihre Hoffnungen auf Verschwörungen übertragen, die von Agenten ausgeheckt wurden, von denen „die meisten aus englischen Geldern reichlich bezahlt werden"[493].

Als die Emigranten nach dem Tod Ludwigs XVII. den Grafen der Provence zum König ausriefen (24. Juni 1795), schickte William Pitt ihm einen Geheimbotschafter, Lord Macartney. Er erhob den Anspruch, dem Prinzen sein künftiges Verhalten gegenüber Frankreich zu diktieren; die Unterstützung des britischen Kabinetts war, so heißt es, 1789 dem Herzog von Orléans im Tausch gegen unsere Kolonien angeboten worden; 1796 wurde sie dem Grafen der Provence angeboten, ebenfalls im Tausch gegen unsere Kolonien und darüber hinaus unter der Bedingung einer Grenzbereinigung in den Niederlanden. Ludwig XVIII. war empört und beeilte sich, die Erklärung von Verona zu veröffentlichen, um Pitts Intrigen den Wind aus den Segeln zu nehmen. Seine Rechtschaffenheit beraubte ihn einer mächtigen Hilfe. Dennoch hatte England im Kampf gegen den Konvent ein Interesse daran, die Konterrevolution zu fördern; nur bestand, wie Hyde de Neuville beobachtete, das Spiel der britischen Regierung darin, „die Republik in Schach zu halten, den Widerstand gerade genug zu unterhalten, um ihn zu verlängern, aber ihm nicht wirksam genug beizustehen, um ihn siegreich zu

---

[492] Siehe Buchez und Roux: *Histoire parlementaire,* t. XXXVI, S. 411.

[493] Trudeau Dangin: *Royalisten und Republikaner.*

machen"[494].

Die Agenten des Londoner Kabinetts prahlten 1795 damit, dass sie über die Anarchisten verfügten, „Tage" organisierten und daraus Profit zogen[495]. Da sie nicht immer mit den Agenten der Prinzen übereinstimmten, die sie vereitelten und manchmal denunzierten, rächte sich die englische Regierung in der Bretagne an ihnen.

In den Erinnerungen eines Emigranten (Graf von Coetlogon), die kürzlich von der *Revue hebdomadaire* [496] veröffentlicht wurden, heißt es: „Ich sah deutlich, dass England und die anderen Könige Europas die Unruhen in Frankreich nur verlängern und auf den günstigen Augenblick warten wollten, in dem seine Krämpfe es geschwächt haben würden, um es leichter zerstückeln zu können."

Während der gesamten Revolution wurden die Emigranten von England getäuscht. „Ich hatte keine Mühe", sagte Hoche, „Cormatin davon zu überzeugen, dass die Chouans, die Vendéens und die Emigranten von der Koalition und insbesondere von England ausgespielt worden waren"[497].

Vaudreuil bemühte sich vergeblich, dem Grafen von Artois die Augen zu öffnen: „Ich sehe Sie", schrieb er an den Prinzen, „immer noch von Pitts Versicherungen getäuscht, und das betrübt mich. Ich kann nicht an die Hilfe des Mannes glauben, der am meisten an unserem Untergang interessiert ist und den ich

---

[494] Memoiren von Hyde de Neuville, S. 242.

[495] Sorel: *L'Europe et la Révolution Française*, Bd. IV, S. 350.

[496] 12. August 1922, S. 225.

[497] H. WELSCHINGER: *Le Baron de Cormatin*, S. 44.

immer noch für den Hauptverursacher halte"[498].

Man hat die beklagenswerte Untätigkeit der Prinzen, während ihre Anhänger in der Bretagne und in der Vendée getötet wurden, mit einiger Berechtigung kritisiert. Man muss jedoch zugeben, dass vor allem England dafür verantwortlich ist.

Manchmal war das Londoner Kabinett offen gegen die Landung des Grafen der Provence und des Grafen von Artois an der französischen Küste, manchmal fand es Vorwände, um die Operation von Woche zu Woche zu verzögern. Von Zeit zu Zeit hielt er das Leben des Freiers für zu wertvoll, um es in der Bretagne aufs Spiel zu setzen. Nachdem er eine Armee versprochen hatte, beschränkte er sich darauf, gefälschte Assignaten in die Vendée zu schicken.

Napoleon I. vertrat übrigens folgende Meinung zu diesem Thema[er]: „Wenn die englische Politik zugelassen hätte, dass ein französischer Prinz sich an die Spitze der Vendée stellt, wäre das Direktorium erledigt gewesen"[499].

Vielmehr geht aus einem vertraulichen Gespräch Napoleons mit General d'Andigné (27. Dezember 1799) hervor, dass er in diesem Fall das Königtum wiederhergestellt hätte: „Wenn die Prinzen in der Vendée gewesen wären, hätte ich für sie gearbeitet"[500].

Meine Untätigkeit", schrieb der Graf der Provence an den Herzog von Harcourt, „gibt meinen Feinden Gelegenheit, mich zu verleumden. Sie setzt mich sogar ungünstigen Urteilen von Seiten derer aus, die mir treu geblieben sind. Diese Urteile kann ich nicht als waghalsig bezeichnen, da diejenigen, die sie fällen,

[498] Korrespondenz von Vaudreuil, 3. Juli 1790.

[499] Memorial von St. Helena. Memoiren von Hyde de Neuville, S. 234.

[500] H. WELSCHINGER: *Le Baron de Cormatin*, S. 32.

nicht über die Wahrheit informiert sind."[501]

In einem interessanten Buch über *das Epos* der *Vendée* gibt Herr Gautherot genaue Details über die Doppelzüngigkeit der englischen Regierung gegenüber den französischen Royalisten. Zeitweise war es den Piloten unter Androhung der Todesstrafe verboten, Emigranten, die sich den Vendéen anschließen wollten, nach Frankreich zu bringen.

Als der Prätendent die Emigranten anführte, ließ der Wiener Hof ihn wissen, dass, wenn er die Armee nicht sofort verlasse, Maßnahmen ergriffen würden, um ihn dazu zu zwingen.[502]

Lord Grenville vertraute Graf Stadion an:

„Wir geben allen französischen Parteien Hoffnungen, die uns zu nichts verpflichten, um die inneren Unruhen zu unterhalten und zu schüren."

Unter dem Direktorium zentralisierte der englische Agent Wickham in Basel die Korrespondenz mit den Royalisten in ganz Frankreich. Er half ihnen bei ihren Verschwörungen, indem er viel Eifer und viel Geld benötigte, um Mitglieder der Regierung für die monarchistische Partei zu gewinnen[503]. Aber manchmal glaubt er, sie gekauft zu haben, und es kommt vor, dass verdächtige Mittelsmänner das englische Gold einstecken und nicht wieder auftauchen.

Dem Direktorium gelang es 1797, Wickham aus der Schweiz auszuweisen, doch Talbot trat bald an seine Stelle. Ein Kredit von

---

[501] L. Sciout: *Le Directoire, Bd.* I, S. 332 ff. Siehe auch die diplomatische Korrespondenz, die wir am Ende dieses Bandes veröffentlichen (Pièces justificatives, S. 276).

[502] E. DAUDET: *Les Bourbons et la Russie pendant l'émigration,* S. 62.

[503] Lebon: *L'Angleterre et l'émigration,* Vorwort, S. 25.

1.250.000 Francs, den Wickham den royalistischen Verschwörern eröffnet hatte, war zum großen Erstaunen Englands nicht in Anspruch genommen worden. Talbot erhielt den Befehl, eine Million zu ihrer Verfügung zu halten. Poteratz, diplomatischer Agent in Basel, wies jedoch weiterhin auf das hinterhältige Verhalten Englands gegenüber den Emigranten hin, „die es unterstützt hat, solange sie für seine Zwecke nützlich zu sein schienen, und die es in Quiberon und Deutschland geopfert hat"[504].

Wir haben bereits auf die geheimen Beziehungen des Angle terre zu unserer Diplomatie aufmerksam gemacht. Nach Duroveray war der Spion Baldwin 1791 offiziell ins Außenministerium eingetreten. Die Ernennung Reinhardts unter dem Direktorium bewies erneut „den Auftrieb des Hofes: von London auf die Leitung unserer Diplomatie"[505]. Reinhardt, Sohn eines deutschen Pfarrers, war übrigens ein talentierter Mann.

Ende 1796 riet die englische Regierung den Vendéern und Bretonen, sich ruhig zu verhalten, weil sie sich darauf vorbereitete, die Wahlen in Frankreich durchzuführen, indem sie die Wähler kaufte[506]. Nachdem Brottiers Verschwörung jedoch aufgedeckt worden war, rieten die englischen Agenten ihrer Regierung, die Ereignisse abzuwarten.

Die Änderungen, die während des Direktoriums an den Plänen des Londoner Kabinetts vorgenommen wurden, hinderten den englischen Einfluss nicht daran, in Paris genauso erfolgreich wie unter dem Konvent zu wirken. Eines Tages wurde W. Pitt heimlich mitgeteilt, dass „Talleyrand England zufriedenstellen kann, wenn eine ausreichende Summe an Barras, Rewbell und

---

[504] *Archiv des Auswärtigen Amtes*, Wien, v. 365.

[505] *Zeitung der freien Männer*. Fr. Masson: *Le département des Affaires étrangères pendant la Révolution*, S. 435.

[506] Lebon: *L'Angleterre et l'émigration*, S. 215.

ihre Clique gezahlt wird"[507]. Ein anderes Mal ist es Barras, der vor dem Verrat eines Regierungsmitglieds gewarnt wird. „Die Pläne und Anweisungen des Direktoriums wurden regelmäßig an Pitt weitergegeben"[508]. Thauvenay, Agent und Freund des Grafen von Provence, berichtet d'Avaray, dass Lord Fitz-Gerald eine kriminelle Korrespondenz mit dem Direktorium führt, die über Hamburg läuft. -

Trotz der Gesetze gegen Ausländer wimmelte es in Paris von englischen Agenten. So wurde bei der berühmten Flucht von Sidney Smith im Jahr 1798 der gefälschte Erweiterungsbefehl des Marineministeriums von dem Schotten Keith aus dem von Boyd beauftragten Haus Harris ins Gefängnis gebracht.[509]

Zu Beginn des Konsulats befanden sich mehr als fünftausend Engländer in Paris; man traf Fox, Rolland, Fitz-Gerald, Spencer und andere. In dem Maße, wie die Freimaurerlogen wieder eröffnet wurden, beeilten sich die Engländer nach und nach, sie zu besuchen. Allein die Loge in Douai zählt rund 100 britische Untertanen.[510]

Herr L. Madelin berichtete kürzlich in einem interessanten Vortrag über Fouché[511] über ein Netzwerk englischer Agenturen, das zu Beginn des Kaiserreichs ganz Europa abdeckte. Die Agentur in Bordeaux bestand noch 1814, und als Wellingtons Engländer in die Stadt einmarschierten, berichtete Herr Madelin, dass sie sich dort „wie zu Hause" fühlten.

---

[507] Holland Rose: *William Pitt*, S. 325.

[508] *Mémoires de Barras*, t. II. (Da diese Memoiren von einigen Autoren verdächtigt werden, apokryph zu sein, zitieren wir sie unter allen Vorbehalten).

[509] DESMARETS: *Fünfzehn Jahre hohe Polizeiarbeit.*

[510] Die meisten von ihnen waren Kriegsgefangene, von denen viele dank der Komplizenschaft der französischen Freimaurer entkamen.

[511] Siehe die *Revue Française* vom 14. Juni 1914.

Zusammenfassend lässt sich sagen, dass das Ziel der ausländischen Gewerkschaft in Frankreich am Ende des Direktoriums erreicht war: Die Anarchie schien endgültig, die katholische Religion schien zerstört, das ruinierte und desorganisierte Frankreich konnte keine Rolle mehr in Europa spielen.

Aber die britische Regierung konnte mit all ihrem Geschick den achtzehnten Brumaire nicht verhindern. Sie hatte nicht begriffen, dass sie durch die Aussaat von Anarchie die Diktatur vorbereitete.

So trug England, indem es sich eines friedlichen Gegners entledigte, unfreiwillig dazu bei, dass es seinen gefährlichsten Feind auf den Thron brachte. Das französische Volk, das sich gegen die milde Autorität Ludwigs XVI. aufgelehnt hatte, akzeptierte freudig die Tyrannei Napoleons Ier. Die Demagogen wurden zu den flachen Höflingen der absoluten Macht; und das erstaunte Europa sah, wie die französische Nation sich aus ihren Ruinen erhob, um von Sieg zu Sieg zu fliegen.

BELEGE

Diplomatische Dokumente über das Vorgehen Englands in Frankreich zu Beginn der Revolution

1er Juli 1789. - *Versailles:*

„... Es wird öffentlich gesagt, dass England eine beträchtliche Anzahl von Agenten besticht, um Unruhen zu schüren...".

2. Juli. -... Man beharrt auf der Annahme, dass es allein die Engländer sind, die das Volk aufwiegeln...

3. Juli. -... Es besteht immer noch der Verdacht, dass die Briten hier Geheimagenten haben, die Geld verbreiten...".[512]

13. August. - *Versailles: (Herr de Montmorin an den französischen Minister in Berlin).*

... Die Beziehungen, die zwischen England und Preußen in Bezug auf unsere inneren Angelegenheiten bestehen, und die Konferenz, die in Potsdam stattgefunden hat, verstärken unseren Verdacht gegen diese beiden Mächte...".

Wir können nicht als Verleumdung ansehen, was über ihre geheimen Machenschaften gesagt wird...

---

[512] *Archives des Affaires étrangères,* Frankreich, v. 1405. (Bulletins, die über die Ereignisse seit der Eröffnung der Generalstände bis zum 15. Juli berichten und vom Ministerium an seine diplomatischen Vertreter gerichtet wurden).

Der König empfiehlt Ihnen insbesondere, alles zu tun, was von Ihnen abhängt, um herauszufinden, was in der mysteriösen Konferenz, über die Sie berichten, geschehen ist... Wir haben Grund zu der Annahme, dass Holland an der Verschwörung der Höfe in London und Berlin beteiligt ist...".[513]

20. Juni. - *Berlin:* (*Graf d'Esterno an Herrn de Montmorin*).

... „Alle Personen, die Zugang zum König von Preußen haben, werden an England verkauft. Die Gräfin von Bruhl, Frau des Gouverneurs des königlichen Prinzen, ist Engländerin und fanatisch in dem doppelten Gefühl der Liebe zu ihrem Land und des Hasses auf Frankreich... Der Hofarzt, ein Mann von viel Geist, ist Engländer...".[514]

31. Juli. - *London:* (*Herr de La Luzerne an den Minister*).

... „Der Herzog von Leeds sagte mir gestern mit einem Anflug von affektiertem Kummer, er sei sehr betrübt gewesen, als er in einer Depesche des Herzogs von Dorset gelesen habe, dass ein Mitglied der Generalstaaten angedeutet habe, eine benachbarte und rivalisierende Nation scheine während der letzten Unruhen Geld unter das Volk gestreut zu haben... Ich habe versucht, den Herzog von Leeds davon zu überzeugen, dass wir in dieser Hinsicht sehr beruhigt sind. Aber in Wirklichkeit können wir nicht aufmerksam genug auf das Verhalten der Engländer achten, das sicherlich ebenso verdeckt wie eigennützig sein wird."

3. August. - *Versailles:* (*Herr de Montmorin an Herrn de La Luzerne*).

„Die Engländer wurden heftig verdächtigt, Geld unter das Volk von Paris zu streuen, um es aufzuwiegeln... Ich enthalte

---

[513] *Archiv des Auswärtigen Amtes.* Korrespondenz aus Berlin, Jahr 1789.

[514] *Id.*

mich einer Anklage gegen das englische Ministerium, weil ich keine Beweise gegen sie habe, und es ist umso schwieriger, welche zu erwerben, als die Polizei nicht mehr existiert, aber was sicher ist, ist, dass das Geld mit der größten Fülle unter den Soldaten wie unter dem Volk gestreut wurde... Ich bitte Sie, Ihre Aufmerksamkeit auf diesen Gegenstand zu lenken. Da viele Engländer auf der Flucht vor dem Tumult nach Hause zurückkehren, könnten sich einige Indiskrete finden, die zumindest Hinweise liefern könnten."

10. August. - *Versailles:*

„Ich kann Ihnen nicht genug empfehlen, die größte Wachsamkeit in Bezug auf den mehr oder weniger aktiven Anteil, den die Engländer an unseren inneren Unruhen nehmen könnten, walten zu lassen"[515].

14. August. - *London: (Herr de La Luzerne an Herrn de Montmorin).*

Der Anfang des Briefes legt die Überzeugung dar, dass die Unruhen in Paris vom Herzog von Dorset geschürt wurden:

... „Ich habe kein Mittel, um festzustellen, ob er tatsächlich so viel Geld verwendet hat, wie man in Paris glaubt, um die Truppen abzuwerben und das Volk zu verführen. Was ich Ihnen jedoch versichern kann, ist, dass Dorset, sobald die Truppen den Befehl erhielten, sich Paris zu nähern, und lange vor ihrer Ankunft, seinem Hof versichert hat, dass diese Truppen sich vorzugsweise für das Volk und nicht für den König entscheiden würden. Dieser prophetische Geist lässt glauben, dass er über äußerst positive Daten verfügte, und es ist schwer vorstellbar, wie er sie hätte erlangen können, wenn er nicht selbst in diese infernalische

---

[515] Am Ende des Briefes wird empfohlen, die Beziehungen der Franzosen in London zum englischen Ministerium zu überwachen.

Intrige verwickelt gewesen wäre"[516]:

27. September 1789. - *London: (Barthélemy an Herrn de Montmorin).*

... „Der König von England hasst Frankreich und möchte, dass unsere Uneinigkeit ihn für den Krieg in Amerika rächt...".

23. November. - *London: (Herr de La Luzerne an Herrn de Montmorin).*

... „Ich versuche herauszufinden, ob Herr Herzog von Orléans, anstatt mit den englischen Ministern über die Angelegenheiten der Niederlande zu sprechen, sich nicht mit ihnen beraten würde, um neue Unruhen in Frankreich zu schüren..., - aber ich glaube nicht, dass der König oder Herr Pitt einen Blutprinzen gegen den König unterstützen. Sie haben eine so geringe Meinung von Herrn Herzog von Orléans, sie halten ihn für so wenig geeignet, das Haupt einer Partei zu sein, dass sie ihre Angelegenheiten gewiss nicht mit den seinen vermischen werden. Ich kann Ihnen nicht sagen, wie die Ankunft dieses Prinzen den Engländern aller Klassen eine schlechte Meinung von seiner Person gegeben hat...

Ich lasse Laclos weiterleiten. Er schreibt fast den ganzen Tag und erhält viele Briefe aus Frankreich...

Calonne trifft sich heimlich mit dem Herzog von Orléans und Herrn Duroveray...

26. November. -... Es wird vermutet, dass das Haus Drumond Geld an das Haus Hopp in Amsterdam weiterleitet, um Geld in Paris zu verteilen. „Es gibt in Paris zwei Engländer, der eine heißt

---

[516] Korrespondenz aus London, v. 570.

Danton [517] und der andere Parc, die von einigen Leuten verdächtigt werden, die spezielleren Agenten der englischen Regierung zu sein...".

Miss Boulard, die Kammerzofe der Königin, ist die Spionin des Herzogs.

Die drei Personen, die dem Herzog am meisten verbunden sind, sind Pitra, Paris und der Abbé Fauchet. Er hat auch großes Vertrauen in einen Mann namens Forth, der einst von der englischen Regierung nach Paris geschickt worden war. Dieser Forth sieht Herrn Pitt oft".[518]

Ein Brief vom 18. Dezember berichtet von Forths Abreise, „wahrscheinlich nach Paris".

Ier Januar 1790. -... „Da der Herzog von Orléans den ganzen Tag bei Herrn^{me} de Buffon ist, ist er den ganzen Tag unsichtbar. Wenn er zu mir kommt, spricht er mit mir über allgemeine Angelegenheiten und niemals über seine Besuche beim englischen Minister, von denen ich weiß, dass sie sehr häufig sind...".

3. Januar. -... „Forth kehrte sehr unzufrieden von seiner Mission zurück."

16. Juli. - Die Engländer erwarteten am 14. Juli schwere Unruhen...".Der Herzog wird vom Prinzen von Wales nachdrücklich aufgefordert, an diesem Tag nach Paris

---

[517] Gegenüber dem Namen Dantons stehen am Rand des Briefes die Worte: „Präsident des Cordeliers-Distrikts". Diese Bleistiftnotiz ist jedoch in einer anderen Handschrift verfasst als die von Herrn de La Luzerne und Herrn de Montmorin. Da wir an ihrer Authentizität zweifeln, zitieren wir sie nur zur Erinnerung.

[518] Korrespondenz aus London, V. 571 (verschlüsselte Depesche).

zurückzukehren...".[519]

5. Januar 1791. - Ein Brief von Barthélemy berichtet von den glühenden Wünschen Englands, dass sich die inneren Schwierigkeiten in Frankreich verschärfen würden.

5. April. - Herr de La Luzerne fasst nach einem Gespräch mit dem englischen König seinen Eindruck zusammen: „Solange wir uns in einer Situation befinden, in der wir uns nicht in die Angelegenheiten Europas einmischen können und vor allem nicht mit dem Handel Englands konkurrieren können, wird man uns nicht beunruhigen. Aber sobald unsere Regierung wieder an Stärke und Kraft gewinnt, kann man damit rechnen, dass es keine Intrigen, keine offenen oder verdeckten Mittel gibt, die diese Leute nicht anwenden werden, um unseren Fortschritt zu verzögern und uns, wenn sie können, wieder in den Abgrund zu stürzen, in dem wir uns jetzt befinden.[520]

2. September. - *Barthélemy an Herrn de Montmorin:*

„Am Tag seiner Abreise sagte Herr de Mercy zu mir: „Ich habe immer die Meinung vertreten, dass England seine Hand in allen unglücklichen Spaltungen eures Vaterlandes hatte. Ich gehe von hier weg, überzeugter als je zuvor von dieser traurigen Wahrheit, und dass England gegen das Interesse aller anderen Mächte, die Frankreich wieder zu seiner gewohnten Stärke zurückfinden sehen möchten, weiterhin versuchen wird, es heimlich zu unterminieren, um seinen totalen Ruin zu bewirken...".

Herr de Mercy gibt zu, dass es zwischen den wichtigsten Mächten Europas Mitteilungen über unsere Angelegenheiten gegeben hat; ein Konzert ist unmöglich, vor allem wegen der

---

[519] London Corr., v. 574.

[520] Corr. de Londres, v. 577.

geheimen Ansichten Englands...

Als ein ausländischer Minister Lord Dover, den Hauptmann der königlichen Garde, fragte, welches System er glaube, dass England gegenüber Frankreich verfolgen würde, antwortete er: „Zur Zeit unserer Bürgerkriege", antwortete er, „hat Frankreich bei uns die Partei der Royalisten unterstützt?"[521]...

2. Dezember. - Herr de Worontzof ärgert sich über die Blindheit Russlands und Spaniens, die die Machenschaften Englands in Frankreich nicht erkennen:

„Es steht England gut an, dass eine lange Anarchie die Rückkehr irgendeiner Regierung in Frankreich verhindert. Wenn es den Landgrafen von Hessen daran gehindert hat, den französischen Prinzen Truppen zu geben, so nur, damit ihre Partei nicht fest die Oberhand gewinnt; andererseits aber regt es sie lebhaft dazu an, mit den Waffen in der Hand nach Frankreich einzureisen...".

30. Dezember. -... „Der König von England protestiert gegen die Anschuldigungen von Leuten mit bösen Absichten, die sich anmaßen, unsere Unruhen England zuzuschreiben. Lord Granville wiederholt dieselben Dinge... Pitt hat die Geschicklichkeit gehabt, alle seine Machenschaften gegen uns nur taub und heimlich wirken zu lassen...".[522]

Bericht von Saint-Just an das Comité de Salut public. - 25ᵉ Tag des 1ᵉʳ... Monats des Jahres II:

... „Die Engländer schienen zu glauben, dass der beste Weg, gegen eine aufstrebende Republik Krieg zu führen, eher darin

---

[521] London Corr., v. 579.

[522] London Corr., v. 579.

bestünde, sie zu korrumpieren als sie zu bekämpfen...".[523]

Pluviôse, Jahr II (ohne Unterschrift):

... „ Es ist die englische Regierung, die in Paris intrigiert, die Patrioten ermordet und die natürliche Währung fälscht...".[524]

22. März 1793. -... „ Man kann nicht daran zweifeln, dass es in Paris eine große Anzahl englischer Spione gibt: I° Fast alle Korrespondenten der Londoner Zeitungen... 2° Jene Personen, die man jede Woche abwechselnd in Paris und London auftauchen und verschwinden sieht. 3° Die drei irischen Oberen Walsh, Keruy und Mahew... 4° In den Cafés trifft man eine große Anzahl von Engländern, deren Äußerungen, wenn nicht eine formelle Verschwörung gegen das System der Freiheit und Gleichheit, so doch zumindest den brennenden Wunsch erkennen lassen, es vernichtet zu sehen...".

Mai 1793. - *Ducher an den Außenminister:*

... „ Seit zehn Jahren unterhält das britische Ministerium in Frankreich die Ökonomen, diese Sekte, die von den englischen, holländischen und genuesischen Bankiers so sehr befürwortet wird und die sich an den Auswirkungen ihrer Doktrin bereichern...".[525]

17 Floréal, Jahr II. - *Buchot an den Minister: Amsterdam* -... „. Die Komitees müssen ihre ganze Wachsamkeit darauf verwenden, die Verschwörungen zu verhindern, die von London aus gegen sie selbst und insbesondere gegen Robespierre

---

[523] Londoner Korr., v. 588.

[524] *Id.*

[525] Londoner Kor., v. 587.

DIE VERBORGENEN AUTOREN DER FRANZÖSISCHEN REVOLUTION

gerichtet werden. Pitt verschwendet dafür sein Gold...".

19 Thermidor, Jahr II. - *Bucher, Kommissar für auswärtige Beziehungen in Basel, an den Minister:*

„Das Abkommen von Pillnitz und alle nachfolgenden Vereinbarungen sind dem Gold Englands geschuldet...".[526]

9 Vendémiaire, Jahr III. - *Druy, Geheimagent, an den Minister:*

London. -... „ Pitt verschwinden zu lassen oder seinen Kopf rollen zu lassen, das muss der Wunsch aller guten Franzosen sein. Ich werde Sie nicht dazu verpflichten, die kleinsten Schritte zu unternehmen, um den von George zu vernichten, da er bald keinen mehr hat...

„Pitts Hauptdarsteller sind in Paris..."

Jahr IV (nicht unterzeichnet). - *Bericht über die Botschaft des britischen Kabinetts:*

... „ Die Aufstände in Lyon, Toulon und Marseille, die Bürgerkriege, die ständigen Überfälle der Emigranten auf unsere Küsten, alles ist Pitts Werk... Um diesen inneren Krieg zu nähren, hatte er nicht die Kühnheit, eine Fabrik für gefälschte Assignaten einzurichten. Ich lege Ihnen die Beweise dafür vor die Augen...".[527]

I5. Dezember 1795. - *Poteratz an den Minister: Basel.* -... „ Erinnern Sie sich an das abscheuliche Verhalten der englischen Regierung uns gegenüber seit Beginn der Revolution... durch Intrigen und Geld Unruhe an allen Punkten Ihres Inneren stiftend,

---

[526] Berliner Korr., v. 213.

[527] Londoner Korr., Beilage, V. 15.

gegenüber den Emigranten, die sie ermutigt und unterstützt hat, solange sie ihr für ihre Zwecke nützlich erschienen, die sie seitdem geopfert hat, sei es in Quiberon oder in Deutschland, und die sie schließlich aufgeben wird, sobald sie aufhört, für sie notwendig zu sein, um uns zu schaden... Mit den Chouans und der Vendée, denen sie absichtlich nur große Versprechungen und Halbheiten liefert...".[528]

Die Verurteilung von Ludwig XVI. durch die Freimaurerei

Mehrere Historiker behaupten, dass die Französische Revolution und der Tod Ludwigs XVI. in Deutschland auf den Freimaurerkonventen in Ingolstadt und Frankfurt beschlossen worden waren.

Barruels Meinung zu diesem Punkt wird von Cadet de Gassicourt„einem ehemaligen Freimaurer, bestätigt[529]. Mehrere Mitglieder der Sekte gaben in dieser Hinsicht formelle Erklärungen ab, unter anderem die Herren de Raymond, de Bouligny und Jean Debry. Sie gaben an, bei dieser Gelegenheit die Freimaurerei verlassen zu haben.

In einer kürzlich *erschienenen* Polemik *des Intermediaire des chercheurs et des curieux wurden* diese Behauptungen in Frage gestellt, wobei man sich auf folgende Tatsache stützte: Die Herren de Raymond, de Bouligny und Jean Debry seien Freimaurer geblieben; daher hätten sie den Geheimbund, der den

---

[528] Wiener Korr., v. 362.

[529] Das Grabmal von Jacques Molai. Siehe auch: Deschamps: *Les sociétés secrètes*, t. II, S. 134 ff. G. GAUTHEROT: *Histoire de l'Assemblée Constituante*, Kap. II. De LANNOY: *La Révolution préparée par la Franc-maçonnerie*, S. 99 ff. usw.

Tod des schwedischen und des französischen Königs beschloss, nicht mit Entrüstung verlassen. Daraus wird gefolgert, dass alle ihre Erzählungen verdächtig wären.

Darauf lässt sich leicht antworten, dass das Schicksal von Herrn de Wal ihnen zu denken gegeben haben könnte: Herr de Wal ließ sich dazu hinreißen, die Pläne der Freimaurer, deren Gewalttätigkeit er tadelte, zu verbreiten. Kurz darauf verschwand er und sein Körper wurde vergraben im Wald von Fontainebleau gefunden. Es war also sehr unklug, demonstrativ mit der Freimaurerei zu brechen. Aus diesem Grund sprachen die Herren de Raymond und de Bouligny erst auf dem Sterbebett.

Wenn sie in der Sekte blieben, konnten sie die Sekte auf gemäßigtere Ideen ausrichten und sich gewalttätigen Entscheidungen widersetzen. Wenn sie aus der Sekte austraten, verloren sie alle Handlungsmöglichkeiten und blieben von den Ereignissen, die sich im Verborgenen abspielten, unberührt.

Graf Costa de Beauregard erzählt, dass der Graf de Virieu sich von der Freimaurerei zurückgezogen hatte, als er erkannte, dass die Sekte drei Ziele verfolgte: „Den Ruin der Religion, die Entehrung der Königin und den Tod des Königs." Herr Gustave Bord wendet ein, dass es „wahrscheinlich" nach Barruels Behauptung ist, dass Herr Costa de Beauregard diese Erzählung macht, usw." Warum sollte es nach Barruels Behauptung sein? Die Familien de Virieu und Costa de Beauregard waren miteinander verbündet und bewohnten dasselbe Land. Was ist daran verwunderlich, dass die Costas die Vertraulichkeiten von Herrn de Virieu erhalten haben! Im Übrigen wurde Barruel der Übertreibung, nicht aber der Lüge verdächtigt.

Ein weiteres Argument ist das Geständnis, das Pater Abel von seinem Vorfahren erhalten hat: Er sagte, er bereue seine Stimme für den Königsmord auf dem Konvent, der in Deutschland den Tod Ludwigs XVI. beschlossen hatte. Es wird eingewandt, dass es sich um ein mündliches Zeugnis eines achtzigjährigen Mannes handelt. Seit wann werden mündliche Zeugenaussagen von achtzigjährigen Männern nicht mehr zugelassen? Man lässt sie durchaus einen Staat regieren und einen Krieg entfesseln. Wenn Herr Abel noch im Kindesalter gewesen wäre, hätte seine Familie dann seine Aussage weitergegeben? Sie war keineswegs stolz auf die Rolle, die er gespielt hatte. Wenn man dem Wort eines alten Mannes nicht glaubt, wäre dann seine *schriftliche* Aussage wertvoller?

Uns scheint also, dass die Frage noch offen ist, und wir würden es begrüßen, wenn die Diskussionen *im Intermediary of Researchers and Curiousers* fortgesetzt würden.

Was den Bericht von Haugwitz betrifft, so ist er, wie wir glauben, noch nicht widerlegt worden. Und hier handelt es sich um ein offizielles Dokument, das von einem ehemaligen Freimaurer und Vertrauten des preußischen Königs stammt und die Verurteilung von Ludwig XVI. im Jahr 1784 bestätigt. Was Gustav III. betrifft, so enthält das Berliner Gerichtsarchiv (laut den Herren E. Faligant und Deschamps) den Beweis für seine Verurteilung durch die Illuminaten. Graf von Haugwitz erklärte, nachdem er sich aus der Freimaurerei zurückgezogen hatte, dass auch Ludwig XVI. vier oder fünf Jahre vor der Französischen Revolution verurteilt worden war. Diese Aussage von Graf de Haugwitz wurde nie geleugnet. Vom preußischen König mit einem Bericht über die Geheimgesellschaften beauftragt, schrieb er[530]: „Die Französische Revolution, der Königsmord, sind durch die Freimaurerei gelöst worden"[531].

---

[530] *Dorrows Danksehriften,* V. IV, S. 211-221.

[531] Es ist nicht uninteressant, daran zu erinnern, wie die Verurteilung Ludwigs XVI. von einem berühmten Mann bewertet wurde, dem die Republik Statuen errichtet hat, Ernest Renan: „Der Mord vom 21. Januar ist der hässlichste Akt des Materialismus, das schändlichste Bekenntnis, das man je zu Undankbarkeit und Niedertracht, zu roturière vilenie und zum Vergessen der Vergangenheit abgelegt hat" (*Die konstitutionelle Monarchie in Frankreich*).

Ausländer auf der Liste der Mitglieder des Jakobinerklubs 1790[532]

Alexander (Englisch).

Abbéma (Holländisch).

Bidermann (Schweiz).

Bitaubé (Preußisch).

Cabarru (Spanisch).

Cavalcanti (Italienisch).

Clavière (Schweiz).

Cloots (Preußisch).

Doppet (Italienisch).

Desfieux (Belgier).

Dufourny (Italienisch).

Erdmann (...).

Ferguson (Englisch).

Fitz Gerald (Englisch).

Fockedey (Englisch).

Fougolis (...).

Gorani (Italienisch).

Halem (...).

Aus Hessen (Deutsch).

Keith (Englisch).

---

[532] Siehe Aulard: *Le Club des Jacobins*, etc.

Klispich (...).

La Harpe (Schweiz).

Loen (...).

Miles (Englisch).

Oelsner (Deutsch).

Pio (Italienisch).

Schlabrendorf (Preußisch).

Schsvatv (...).

Van den Yver (Niederländer).

Van Praet (Belgier).

Arthur Young (Englisch).

Mutmaßliche Ausländer

Bacon.

Bolls.

Charke.

Coitam.

Hanker.

Hovelt.

Kauffmann.

Knapen.

Mendosa.

Mermilliod.

Oelsner.

Pulcherberg.

Raek.

Schluter.

Schnutz.

Sigri.

Stourm.

Walwein usw.

KONGRESS DER PHILALETHEN (1785-1787)

Die Loge Les Amis Réunis (Philalethes), deren Vorsitzender Savalette de Lange war, nahm eine wichtige Rolle bei der Vorbereitung der Französischen Revolution ein. Sie hatte ihren Sitz in der Rue de la Sourdière 37.

Die Philalethes beriefen 1785 in Paris einen Kongress unter dem Vorwand ein, „über die freimaurerische Wissenschaft" zu diskutieren. Die von der Freimaurer-Welt veröffentlichten Berichte verschweigen natürlich die politischen Diskussionen und versuchen zu beweisen, dass die Philalethen achtzehn Monate lang nur banale Gedanken ausgetauscht haben[533]. Die einzigen interessanten Seiten sind die Diskussionen mit Cagliostro, der damals im Orient von Lyon die Mutterloge des ägyptischen Ritus leitete und sich selbst als den anderen Freimaurern weit überlegen bezeichnete. Nachdem er sich bitten ließ, die Einladung der Philalethes anzunehmen, versprach Cagliostro ihnen, um seine Macht zu beweisen, sie Gott „und die Geister, die zwischen Gott und den Menschen stehen", sehen zu lassen. Nur verlangte Cagliostro als Gegenleistung für dieses Wunder die Vernichtung der Archive der Philalethes (wir konnten nicht herausfinden, zu welchem Zweck).

---

[533] *Le Monde Maçonnique,* v. XIV und XV.

Die Philalethen lehnten dieses Opfer ab, weil sie an ihren Archiven festhielten und einige von ihnen sich fragten, ob Cagliostro nicht vielleicht ein Betrüger sei. Dennoch wurde Cagliostro eine Liste der Mitglieder des Konvents zugesandt, um diejenigen auszuwählen, die er für geeignet halten würde, in den ägyptischen Ritus eingeweiht zu werden.

Am Ende ging alles gut: Die Philalethes verbrannten ihre Archive nicht, und Cagliostro beschwor in dem Lokal in der Rue de la Sourdière weder Gott noch Engel. Aber die Mutterloge des ägyptischen Ritus schrieb, dass „der unbekannte Großmeister der wahren Freimaurerei seine Augen auf die Philalethen geworfen hat. Er willigt ein, einen Lichtstrahl in die Finsternis ihres Tempels zu bringen". Die Berichte schweigen sich über diesen Lichtstrahl aus. Die Freimaurer, denen die Akten des Konvents mitgeteilt wurden, mussten sich übrigens schriftlich und ehrenhaft verpflichten, ein absolutes Geheimnis zu bewahren.

Im zweiten Jahr des Kongresses schrieb Dr. Stark aus Darmstadt, dass der nächste Konvent eher gefährlich als nützlich sein würde, und riet den Philalethern, ihr ganzes Vertrauen Saint-Martin und Willermoz zu schenken. Dieser Brief steht im Widerspruch zu den offiziellen Berichten, denn wenn die Philalethen nur über die Wissenschaft der Freimaurerei sprachen, konnte es nicht *gefährlich* sein, sich zu versammeln, und es gab keinen Grund, zwei von ihnen volle Vollmachten zu geben. Ob Saint-Martin und Willermoz die offiziellen Vertreter der ausländischen Freimaurerei waren oder ob Dr. Stark eine persönliche Meinung vertrat, lässt sich nur schwer herausfinden. Auf jeden Fall trennte sich der Kongress am 8. Juni 1787, und seine geheimnisvolle Arbeit wurde vom Geheimkomitee (Willermoz, Mirabeau, Court de Gébelin, Bonneville und Chappe de la Heuzière) fortgesetzt.

Bereits veröffentlicht

www.ingramcontent.com/pod-product-compliance
Lightning Source LLC
Chambersburg PA
CBHW070902270326
41927CB00011B/2440